朱军荧屏悟语

朱军 著

北京大学出版社
PEKING UNIVERSITY PRESS

图书在版编目（CIP）数据

朱军荧屏悟语 / 朱军著. — 北京：北京大学出版社，2013.10
ISBN 978-7-301-23158-6

Ⅰ.①朱… Ⅱ.①朱… Ⅲ.①主持人—基本知识 Ⅳ.①G222.2

中国版本图书馆 CIP 数据核字 (2013) 第 209845 号

书　　　名：朱军荧屏悟语
著作责任者：朱　军　著
责 任 编 辑：姜　贞
标 准 书 号：ISBN 978-7-301-23158-6/J·0530
出 版 发 行：北京大学出版社
地　　　址：北京市海淀区成府路205号　100871
网　　　址：http://www.pup.cn　新浪官方微博：@北京大学出版社 @培文图书
电 子 信 箱：zpup@pup.cn
电　　　话：邮购部 62752015　发行部 62750672　编辑部 62750112　出版部 62754962
印　　刷　者：三河市国新印装有限公司
经　　销　者：新华书店
　　　　　　　660 毫米 × 960 毫米　16 开本　15.5 印张　180 千字
　　　　　　　2013 年 10 月第 1 版　2013 年 11 月第 2 次印刷
定　　　价：42.00 元

未经许可，不得以任何方式复制或抄袭本书之部分或全部内容。
版权所有，侵权必究
举报电话：010-62752024　电子信箱：fd@pup.pku.edu.cn

主持的议

题朱军新著

盖凡主持二字之义为导之引之,谓之主题既定于胸次,言词即随於以遣,纵横开阖要无垩碍。主持既毕,皆大欢喜,果无宾主之间。

序　言

主持刍议——题朱军新著

　　盖凡主持二字之义为导之、引之、发之。主题既定于胸次，言词即随于吟边，纵横开阖，略无挂碍。主持既毕，皆大欢喜，略无宾主之别，主持人已融入受众群体。所欲人明者，众皆明矣；众有惑者，皆不复惑。此主持之大韬略而非小技艺也。由此视之，主持人必具丰赡之学养、不移之定力、亲善之举止。动人之心而不必煽人以情，鼓人之志而不懵人以辞，能如此则主持之旨已过半矣。至于释迦拈花、迦叶微笑，非虚拟故事，实指妙悟者不在多言，而听言者善解其意，此正互动之最高境界，唯可于心灵深处求索之、感悟之。而对言不及义、啰嗦繁赘之主持人，无疑是一种极好的醒示。

　　朱军攻主持之术业廿余载矣，其间磨砺以须、敬业精进，有常人所不逮者，其能为央视著名主持人，岂徒然哉！然朱军自强不息，攻读硕士于北大，以优异成绩，获赏北大教授，为提高艺术修养，恳请为我关门弟子，讵料不数年艺道大进，骎骎争驱于当代，老夫当刮目于斯人也。

范曾癸巳之夏

自　序
思索与前行

　　作为国家舞台上的一名传播者，我愿以这样一个标题为引领而展开论述。近二十年在中央电视台（下文简称"央视"）的从业经验常常让我反思、总结主流媒体和身处其中的从业者们需要承担的责任与明确的使命，以及整个主持行业在当今时代环境下前行发展的方向。身为一名国家舞台上的主持人、某些场合里国家和民众的代言者，我也深刻认识到，社会突飞猛进的发展使传播者在身份、角色、功能等方面都发生了巨大的变化；全球化及新媒体的影响在现代生活中的渗入，更对传统的大众传媒提出了新的挑战——主流媒体中的主持人和主持传播活动迫切需要提升和改进，以适应社会环境，发挥有效功能。

　　在主持《艺术人生》之前，我曾经在舞台上站了十几年之久，从演员到报幕员的经历，使我对舞台非常熟悉。但是，在长达数十年的晚会类节目中，主持人与节目的关联度不强，仅仅是提供节目的基本信息。主持人于观众也是高高在上的疏远距离。因此，要想树立主持人自己的品牌，就必须使自身融入节目并形成节目的重要部分，甚至代表所主持的节目的形象。从一定程度来说，作为主持人的我，代表了《艺术人生》的很多价值理念和审美情绪。

我在著作《时刻准备着》中曾经写道："《艺术人生》诞生在我人生变故和事业也亟待转型的2000年，当我珠光宝气地站在隆重的舞台上感受星光灿烂的时候，我这个穿哥哥姐姐剩下衣服和绿军装长大的孩子曾经深深地不安，被华服包裹并没有让我感到人生发生了变化。在这同时，中国的电视文艺和人们的审美观念则经历着翻天覆地的变革，当我们都以为舞台就是'那样'的时候，人们开始学会审视生命中朴素和诚意的美丽，而华丽成了束之高阁的摆设，我那流利的表达、浑厚的男声成了一个浅见的符号，飘扬在CCTV之后；当我一年承担着数十台晚会的主持，习惯了星光熠熠的时候，我甚至可以预见自己最终会有的失落的一天。恰好，《艺术人生》来了，及时雨一般，淋湿也点醒了风光的我。"

这段话写于《艺术人生》给我带来改变之后，我也期望这样的改变能够给同行们带来启发。主持人应该以什么样的角色来参与节目，才能说明是参与营造了节目的品牌形象？作为《艺术人生》的主持人，与嘉宾谈话的意图不是就某一观点展开解释与说明，而是要通过主持人与嘉宾面对面的交流，通过个体真实的生存状态、情感取向，折射出整个社会较为广泛的背景，甚至进一步上升至人的价值及终极意义的回归。这就要求主持人作为节目代言人表现出更多的文化气质，呈现出智慧性和理性色彩的个人形象。

在我看来，一名主持人的品牌一定是他（她）极大程度上参与了整个节目的创作，也就是说，这个节目凝结了主持人的想法，主持人与节目之间产生了最紧密的联系，也只有这样，这个节目才具有主持人的烙印，才能说主持人品牌成功地建立了起来。节目主持人在成功完成角色定位后，观众会自然而然地将其作为节目的代言人，形成一个固定形象。这种形象的确定性使主持人具有品牌价值。每一个品牌节目的背后，都站立着一名优秀的节目主持人，很多观众是通过主持人来记住某个节目的。

但是，随着电视手段的日新月异、电视新节目及新主持人的不断涌现，以及电视观众口味和需求的逐渐升级，主持人的可持续发展也面临着越来越多的新挑战。这足以让主持人们应接不暇。在主持人同质化现象十分严重的今天，观众对千篇一律的主持人的遗忘、"喜新厌旧"的速度之快，也是前所未有。如何建立自己的品牌，在受众的心中站稳脚跟，成为每一位主持人都应该思考的问题。

一名主持人的品牌需要在保持自我风格的同时不断地超越原本的自己，稳中求变，进行转型。另一方面，节目永远是理性和客观的，电视节目在所有艺术形式中，甚至是最不像艺术的，它客观的记录，理性的表述，让人迅速地记住，也迅速地忘记、更新。在这一前提下，品牌转型后的可持续发展又成了主持人们的一大困惑。电视的制作中有太多必须遵照的客观和理性，也有很多主持人必须做到的规则。当谈到主持人的可持续性发展的时候，我害怕听到年轻而经历少的同事因一种规律而判断人生，因为电视节目的发展规律往往和一个人的成长经历是分不开的。

所谓"有心栽花花不开，无心插柳柳成荫"。尤其是当节目的素材是"人"的时候,我觉得自己即将经历从来没有体验过的人生,突然发现那些书本和资料上的关于"采访、主持",关于交谈的技巧都变成了失效的过期药,甚至产生了副作用,让嘉宾产生了抗药性;而当我丢失技巧甚至都忘记了看镜头的时候,我常常想,"主持"就是我的职业,而后缀那个重重的"人"字才是真正的目标。我选择了一个和生命浑然一体的事业,即使做好了工作也不能心安,让我永远沉浸在与节目一致的人生的态度中而不能自拔。在主持中,我经常是在理性与感性之间切换,我不是一个西医的外科大夫,能将人的喜怒哀乐化验成一个个生硬的英文字母或数值,甚至摘除他的顽疾而缝合成健康的躯体,我也许仅仅是中医,用含蓄的望闻问切打通生命脉络的共鸣。因此,我其实害怕分析任何人的人生,我保留着自己可以"恍然大悟"的愚钝,我不想因为老练、精于提问而被赞赏。当新的主持人与我交流采访心得的时候,我只说的"真诚",仿佛在敷衍后生,虚无缥缈,但是除了分享、诚意这类的言辞之外,多说一词仿佛就有误人子弟的嫌疑。在人的面前,是找不到规则的,我的非科班的职业背景,我的"不专业",我的"原生态"甚至帮了我,生命中一草一木、一言一行都悄无声息地帮助我积淀了为人处世的经验。这个职业,也许太适合我了,风格就是人格,我的职业评价就是我的道德评语,难得的是二者合一了。

以上一些是我在《极端制造》这本书中所写下的话,也是我对于主持人可持续发展给出的答案。一名主持人发展道路和一个人的发展道路常常有惊人的契合之处,我们只有将主持人的人格放在第一位,首先去探讨如何让一个人去可持续发展的时候,才能真正地了解到一名主持人的可持续发展之路。

"主持人"这个称谓的最后一个字是"人"字:
主持人首先是一个人,他是有感情的,
有关怀的,同时也是有禁忌的。
他必须在生活中就懂得关怀,
也必须将这一关怀贯穿到节目中去。

目 录

序　言　主持刍议——题朱军新著　范曾　　　　　i
自　序　思索与前行　　　　　　　　　　　　　ii

导　论　主持传播的研究范式　　　　　　　　001

第一章　主持传播的主体——主持人
　　第一节　角色定位　　　　　　　　　　　021
　　第二节　能力需要　　　　　　　　　　　028
　　第三节　形象管理　　　　　　　　　　　033

第二章　主持传播的环境
　　第一节　宏观——社会　　　　　　　　　037
　　第二节　中观——媒体　　　　　　　　　051
　　第三节　微观——现场和嘉宾　　　　　　053

第三章　主持传播的对象——受众
　　第一节　受众的界定和类型　　　　　　　065
　　第二节　受众的心理　　　　　　　　　　075
　　第三节　受众的诉求与满足　　　　　　　079

第四章　主持传播的策略

第一节　语言传播策略：规范与个性　　088

第二节　情感传播策略：温暖与真诚　　098

第三节　文化传播策略：关怀与传承　　107

第五章　主持传播与主流媒体

第一节　国内主持传播的实践探索　　117

第二节　主流媒体的基本职能和使命　　128

第三节　主流价值观与主持传播　　146

第六章　突破自我：国家舞台上的创新传播

第一节　访谈节目：用心沟通　　157

第二节　晚会节目：大气控场　　206

参考书目　　225

后　　记　踏下心来做一场"学问"　　228

导 论　主持传播的研究范式

随着传播学的不断发展及其研究范围外延的不断扩张，涌现出大量传播学研究领域和分支，除了传播学研究经典类目"自我传播、人际传播、组织传播和大众传播"外，又出现如政治传播学、经济传播学、发展传播学、健康传播学、城市传播学等学科分支。

相较以上这些与其他学科相交叉而建立起来的跨学科研究，主持传播关注的是传播研究中最基本、最热门也是最核心的研究范围——大众传播形态下的一种特殊传播形式。广播电视媒体在新媒体环境下所遭遇的挑战，促使传统媒体从业者不断修正媒介意识、寻求发展机遇。主持传播作为广播电视媒体平台上最重要的传播手段之一，也在不断地校正自己的定位，以找到适宜的生存之路。从传播学的角度研究主持行为，虽历史不长，但作为一个具有现实指导意义的学科分支和学术视角，广为学者和业界人士重视，也成为播音主持学研究领域的一个新兴课题。

一、国内理论研究

　　主持传播，这一名词在学理上的提出并无多时。长久以来，国内的主持人研究多着眼于播音主持艺术，这与广播电视事业在我国的发端、发展不无关联。早期国内的广播电视事业用于宣传工作，播音员主要担任传声筒的职责，可供其发挥主观能动性的方面有限，因而行业内多对主持人的播音技巧、外在形象、演绎方式有所要求，促使学术界形成了对播音主持艺术的研究倾向。随着广播电视事业的迅猛发展和改革开放事业的不断深化，新环境、新形势对主持人的职能和功用提出了新的要求和挑战，而可供参考借鉴的西方先例却寥寥无几。不同的历史环境和社会形态导致了中西不同的广播电视语态和传播方式。另外，西方主持人的生产机制也与我国的不同，因而无法生搬硬套，只能从自身总结经验，进行主持传播研究。

　　近些年来，对于电视节目主持艺术与创新传播的研究，中国本土学者的研究大作迭出：先期的研究多集中于探讨电视主持艺术，如中国传媒大学教授张颂所著的《中国播音学》（2003）、《播音主持艺术论》（2009），吴郁所著的《当代广播电视播音主持》（2008），上海戏剧学院教授吴洪林的《主持艺术》（2007），北京大学教授俞虹的《节目主持人通论》（2004）以及魏南江的《节目主持艺术学》（2006），等等。随着这几年传播学学科的不断壮大，越来越多的学者将"主持"与"传播"进行了跨界关照，其中对"主持传播"进行比较系统研究的有陈虹博士所著的《节目主持人传播》、高贵武的《主持传播学概论》、毕一鸣的《主持艺术的新视野——传播学视野中的主持艺术》等等。更有学者立足于中国电视文化格局的当下现状，从中国目前电视播音主持及其文化影响力的现状梳理入手，从文化学及传播学的角度，首次提出了"中国电视节目主持人文化影响力"这一命题，并对此概念给予了科学合理的界定，比如北京大学出版社出版、中国传媒大学教授曾志华所著的《中国电视节目主持人文化影响力研究》(2009)。

二、界定与性质

主持传播，由字面可见，该词是由两个不同意义的词语构成，一为"主持"一为"传播"。因而讨论主持传播，首先需先明确何为主持，何为传播。

主持和主持人的概念是伴随着广播电视媒体的崛起及其在百姓生活中的不断渗入而出现的。赵玉明、王福顺在《广播电视辞典》中对节目主持人做了如下定义："在广播电视节目中，以个体行为出现，代表群体观念，以有声语言为主干或主线驾驭节目进程，直接面向受众，平等地进行传播的人。"该定义明确了主持传播研究视野中所探讨的主持人的几项要素：1.所处平台，面向大众的广播电视媒体；2.出现形式，以个体身份；3.表现方式，以有声语言为主线驾驭节目进程，进行有目的的传播。明确主持的概念，也就明确了主持传播过程中的传播者的主体定位。

传播学是起源于西方的一门新兴学科。19 世纪到 20 世纪的工业革命和城市化进程为其诞生奠定了丰沃的社会土壤。彼时大众媒介急速发展，社会中的信息流动方式、人们的交流方式都发生着迅速的转变，从而带来了巨大的社会变革。具有其他学科学术背景（如经济学、社会学、心理学、政治学、人类学等）的学者，都纷纷将研究视角转向与人类传播相关的领域和方向，逐渐支撑起了传播学的研究框架，形成了传播学的研究传统，并促使其独立成一门社会科学。著名社会学家杜威曾对传播做出高深莫测的评价："社会不仅因传递（transmission）和传播（communication）而存在，更确切地说，它就存在于传递与传播中。"从英文单词的构成上可以看到，传播一词与社区（community）、共同（common）享用同一词根，暗示了这几者之间的关系：没有传播就不会出现社区、社会和当今的人类格局。

对于"传播"，传播学界向来存在着两种主要观念：传播的传递观和传播的仪式观。前者将传播看做是一种目的性较强的信息传递过程，而后者则强调传播是一种全社会参与和共享的过程，意味着受众个体与社会广大群体的融合。在大多数的主流传播研究中，学者们都以传递观的视角来探寻传播规律。关于传播的仪式观，后文有关主持传播的受众中将会做继续的探讨。在传播的传递观视角下，人们通常从不同的角度对传播进行诠释："共享说"认为传播是传者与受者对信息的共享；"交流说"强调传播是有来有往的双向活动；"影响劝服说"坚持传播是传者通过劝服对受众施加影响的行为过程；"符号说"则立足于符号而非人的角度，强调传播是符号的流动。这几种说法实际上是并行不悖的，同时也是传播学不同研究传统研究取向的总结。

弄清了"主持"和"传播"，便不难理解"主持传播"的概念。所谓"主持传播"，或"主持人传播"，专指在大众媒体平台上主持人所实施的传播行为及所展开的传播活动。主持传播的发生有两个先决条件：一是传播者的身份需满足职业主持人的条件，从事的是具有专业素质和业务水平的职业主持人的工作；二是主持人进行传播平台是在大众媒体上，面向的是大众受众（mass audience）[1]。这个定义清晰而准确地将主持传播与大众媒体上的其他传播形态以及社会人际生活中的其他传播形态区分开来。记者、嘉宾等在节目中的信息传播行为不属于主持传播；传播者的职业为主持人，传播平台也满足大众传媒，但如果他彼时所处的媒介环境是以嘉宾、受访者等其他身份出现在节目中时，也不是主持传播；职业主持人在非大众媒体上进行的其他传播活动，如高校讲座、人际对话等亦不属于主持传播的范畴。

主持传播究竟在传播研究中隶属于哪一分支？它自身又具有哪些性质呢？

传播是一个非常广阔的概念，传播活动也广泛而普遍地存在于自然界和人类社会生活中。下页的表展示了依据不同层级、不同类目对传播活动进行划分的过程。传播学研究关注的是人类传播活动范围内的现象和规律。依照社会属性，人类传播又可划分为社会传播和非社会传播两大部分。由于非社会传播较少规律性，研究的社会意义不大，所以，作为社会科学的传播学通常关注社会传播相关领域的问题。在社会传播中，依据传播活动范围和规模的不同，依次划分为自我传播、人际传播、组织传播、大众传播四个方面。其中，前三者从传播手段上多属亲身传播，而部分组织传播和全部大众传播则需依赖相应的组织机构和大众传播的技术手段来实现。

---

[1] 中国传媒大学刘燕南教授认为："大众是现代工业化社会的产物，也是大众传播发展的结果，反映了脱离家庭、血缘、土地等传统纽带，相互依赖却又彼此陌生的人们的生存状态。大众具有规模大、分散、匿名和无根性的特点。而受众，是社会环境和特定媒介供应方式的产物。大众和受众并非天然一体，它们原本属于不同的话语范畴，前者是社会学的，后者是传播学的。大众与受众的勾连，一定程度上反映了历史和社会发展的内在逻辑。"这一点在后文中鲍尔-罗克希与德福勒的大众传播效果依赖模式中将会展开说明。

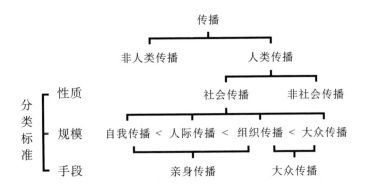

依据这一层级划分,首先可以肯定的是主持传播是一种社会传播,无论其传播内容、传播渠道以及传受双方的身份特征,都具有鲜明的社会性。正如前文定义所述,主持传播是在大众媒体上、面向大众受众,由主持人本人进行的有目的、有预置的传播活动。从其传播手段上看,既有亲身传播又有大众传播的成分,因而兼具人际传播和大众传播的特点。中国人民大学高贵武副教授在其创作的《主持传播学概论》一书中,对主持传播与大众传播、人际传播的关系做了厘清梳理。[1](见下页表格)

高贵武从不同的研究维度对主持传播的性质加以分析。主持传播的传播主体是作为个体的主持人本人,传播过程中主要通过语言、姿势、表情等人际传播常用的交流符号及手段,在一个高的语境中面向大众进行信息传播,具有人际传播的某些特征。主持传播本身带有强烈的目的性和预先设置性,在主持传播中传受双方的地位和话语权实际上是不平等、不对称的,反馈和互动也具有一定的滞后性。主持传播需要服从一定的媒体规则和节目标准框架,有一定的

---

[1] 高贵武:《主持传播学概论》,北京:中国传媒大学出版社,2007年,第3页。

	大众传播	主持传播	人际传播
传播主体	媒介机构	个人	个人
传播符号	语言、声画	语言、姿势、表情	语言、姿势、表情
传播语境	低语境	高语境	高语境
传播类型	制度化传播	个人化传播★	个人化传播
传播对象	大众	大众	个人
主要传播功能	传播信息	传播信息	交际
传播目的性	较强	较强	较弱
传播规模	大	大	小
传受关系	非对称	非对称	对称
传播反馈	单向、延后	单向、延后	双向、即时
传播情境	随意性较弱	随意性较弱	随意性较强

自由发挥空间，但远不如人际传播的随意性强。其传播规模、传播意图、传播对象及过程中的组织环节均符合大众传播的标准。因此，笔者认为，主持传播是增加了人际传播手段的一种特殊的大众传播形式，是大众传播人际化的一种特殊呈现方式，利用大众传播的平台，通过类人际传播的手段，拉近与受众观感和心理上的距离，从而提升传播效果。本质上它是一种大众传播。

对高贵武先生的总结，笔者有一点不甚认同，不认为主持传播是一种个人化传播。固然，主持人在进行主持活动时或多或少带有自己的观点和风格，这些是个人化的体现。在不同节目形态中，主持人个人化元素的体现程度也会有所差别。新闻节目主持中个人化的表现空间和综艺娱乐节目的个人化表现空间差别很大。虽然节目都摆脱不了主持人风格特点的影响，甚至有的节目已经深深地被烙上了主持人的风格印记（比如，许多人认为《实话实说》离了崔永元就不再是《实话实说》了），但是，主持传播的个人化是表面上的个人化，其呈现方式、思想观点不可能是完全个人化的。

总体上说，在主持传播活动中主持人并不孤立存在，也并不能仅代表他（她）个人。主持人是在一个职业群体环境中工作的，因此他（她）的自由度在某种程度上受到工作群体的规范和媒体价值观的限制。他（她）是所在节目、频道、媒体的一个显性的符号，而背后支撑起在前台表现的是更多的隐性人力、隐性思想取向和隐性价值观。这些具有宏观特征的隐性信息，通过一名主持人历时性的语言和非语言呈现，融贯成一个节目、频道、媒体的综合品质。所以，笔者认为，主持传播本质上是一种制度化传播，但选择了个人化的呈现方式。

三、模式和框架

传播过程是一个由多要素相互作用的复杂的动态过程。在传播学研究领域中，传播模式图示可以准确又简洁地表达一名学者对传播过程的个人理解和诠释，因而大受各个时代、各个学派的研究者的青睐。传播模式完成了"对现实事件内在机制及事件之间的关系的直观和简洁的描述"（祝建华语）。因此，为对主持传播各个环节进行剖析，本书也需寻找一种主持传播的研究模式。

主持传播首先是普遍传播形式中的一种，继而更是大众传播中的一种特别形式，因而本书中所采用的主持传播的研究模式，将基于人类传播和大众传播模式而确立。笔者在传播学发展几十年的历史维度中寻找了两个传播模式,一简一繁,辅助构架起主持传播的模式和研究框架。

传播学史上众多学者对传播模式进行了总结提炼,最为经典和基础的莫过于美国政治学家哈罗德·拉斯韦尔于1948年提出的5W线性传播模式:

拉斯韦尔公式及其相应的传播过程诸基本要素

拉斯韦尔在5W模式中提到了传播活动的4个必备的物理要素和1个目的(或曰动因)要素:传播者(who)通过什么渠道(in what way)给接收者(to whom)传递什么信息(what),取得了什么效果(with what effects)。五要素缺一者便不构成传播。这一模式奠定了传播学研究的基本思路,也为之后许多学者提出新的传播模式描绘了雏形。然而,关于这一简单的线性传播模式后人也是争论不断,许多人认为它忽视了一些环境因素所造成的影响,以及忽视了受传者的反馈环节。笔者认为,拉斯韦尔的这个传播模型其实是任何传播行为中的最小组成单位(unit),而传播的回路——反馈环节可以看做是完成整个传播活动中的另一个独立的单元。也就是说,任何一个传播活动都是由最简单的单向通路多向叠加通过不同的组合方式共同组成的。这一模型的提出从微观角度诠释了传播活动的最基本过程,对传播学的发展影响深远。

基于拉斯韦尔公式来思考主持传播的过程,这一模式可以具体转化为如下传播模式。

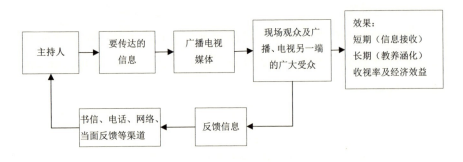

依据拉斯韦尔公式所生成的主持传播模式

这一依据拉斯韦尔公式生成的主持传播模式实际上包含了两个传播单元：主持人向受众的单向传播和受众的反馈环节。主持人通过广播电视媒体平台，向现场受众和场外的广大受众传播既定信息，从而产生社会效应和经济效应。另外，受众通过书信、电话、网络或当面反馈等渠道，将个人想法观点或意见建议等反馈给主持人，

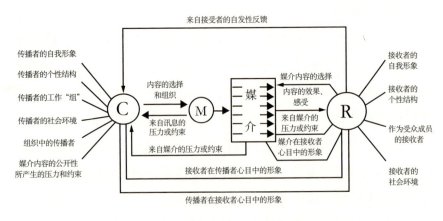

C= 传播者　　M= 讯息　　R= 接收者

并影响主持人当下的或以后的传播行为。

从大众传播的宏观维度看，1963年德国学者马莱茨克以"大众传播场模式"提出了一个全新的研究视野和角度。从模式图中便可看出它比拉斯韦尔线性传播模式要复杂得多，并且涉及更多影响因素和作用环节。在马氏的模式中，社会心理学发挥了很大的功用，为这个繁复的社会过程提供了多因素的解释可能。

马莱茨克按照拉斯韦尔模式的传统，根据传播过程的基本要素（即传播者、讯息、媒介和接收者）来建立他的模式。传播者通过内容的选择和组织对信息进行筛选加工，然后通过媒介平台传播给接收者，从而形成一定的传播效果，接收者的反馈反过来影响传播者的传播行为。在这一基本传播过程中，马莱茨克综合考虑了其他制约和影响因素。

在传播者选择、发送信息的环节中，传播者对传递内容的选择以及制作内容的方法——这两个变量受着其他许多变量的影响。首先，大众传播过程中的传播者在先期占有大量的材料和潜在讯息，传播者通常要按照某些标准从这些材料中抽取一部分符合要求的讯息进入传播实操阶段。在马莱茨克看来，这一环节主要受以下几点的影响：

来自讯息的压力或约束：大众传播者要依讯息本身的性质和价值对其进行筛选，选择适合大众传播呈现方式并具有一定社会意义的内容进行传播。

来自媒介的压力或约束：传播者所处的媒介本身向传播者提供一种特殊的约束与可能性的混合物。不同形态不同级别的大众媒体在传递同一讯息时有不同的观察条件。

同时不同媒体在内容的选择上也会有所差异。

传播者的自我形象：传播者的自我形象是传播者主观对自己的认知，不仅包括他对自身作为一个个体的性格特点、表达风格等的全面认知，而且包括他如何理解作为一个传播者的作用。每个传播者对自己有或清晰或模糊的形象定位，不管他把自己视为事件的解释者、某些思想的捍卫者或只是客观事件的客观反映者，这些形象角色会给传播者提出一些具化的职业准则，从而影响传播信息的过程。

传播者的个性结构：马氏假定个性影响传播者的行为，而其他变量可能会减少个性的重要性。（在主持传播中，这一点尤为突出。）

工作群体中的传播者：任何大众媒体中的传播者都是行业结构链条中的一环，不可能孤立存在。由于他总是在一个群体中工作，因此他的自由在某种程度上受到工作群体规范和价值观的限制。

传播者的社会环境：传播者对媒介内容的取舍、把关、制作、传播，很大程度上受他自身所处社会环境的影响，除媒介环境中的群组、共事者等外，其所属的其他社会群体和常接触到的个人对他的传播决策会产生一定的作用。

媒介组织中的传播者：各种大众媒介组织的规模、宗旨、所有制形式和政策都不尽相同，这些构成了对该媒介系统内的传播者个人的环境制约因素，从而影响传播行为。

媒介内容的公开性所产生的压力和约束：大众媒介的受众即是社会大众，它的整个生产成果是公开受到公众审查的，这一事实从法律和心理两个层面对传播者的工作进行了约束。

在接收者环节,同样有许多变量制约了受众接收的行为及可能带来的传播效果的改变:

接收者的自我形象:个体对自身、自己的角色、态度和价值观的感知,构成了他在接受传播时的基本姿态。

接收者的个性结构:不同个性的人对同一信源的传播所受影响不尽相同。不同性格的人被劝服的难易程度有很大差别。

接收者的社会环境:其所处的周边环境,所属群体以及与之相互影响的许多个人,将对该接收者的信息接收感受、态度产生影响。

作为受众成员的接收者:作为受众成员的接收者在接收媒体信息时与面对面人际传播环境中接收信息时会有不同的心理感受和行为表现。[1]

另外,跳出具体的传播环节,传受双方心目中对方的形象在整个传播过程中也起到了至关重要的作用。由于大众媒体中的传播者不直接面对广大受众,而所生产出来的内容却是直接受到公众检验的,因而在内容制作环节,传播者主要依据自己想象中受众的形象与需求,对传播内容进行甄别选拔和制作的。而经大众媒体呈现出来的内容,通过长时期历时性的积累,结合受众自己的视听体验,会在接收方心里描摹出一幅关于传播者形象的模糊图像,受众自身

---

[1] 参照丹尼斯·麦奎尔的分析。详见[英]丹尼斯·麦奎尔、[瑞典]斯文·温德尔:《大众传播模式论》,祝建华、武伟译,上海:上海译文出版社,1997年,第50—55页。

经过对不同传播者形象的比对形成自己的媒介选择偏好,在接收特定媒体所提供的信息时会有态度的预设。而这两方——传播者心中的受众形象和受众心中的传播者形象——会产生一种长期的相互影响和渗透。所以,传播者对自己目标受众的构成、需求在前期如有比较准确而清晰的认知,将会促进传受双方的良性互动发展。

综合以上两种传播的经典模式,结合主持传播的实践经验,笔者总结出一幅主持传播过程的模式图。如下图所示,主持传播从大的环节上分为前期准备和实际实施两部分。前者是隐性的,受众看不到、无从知晓,却十分重要,大致上决定了一次主持传播活动的品质。主持传播虽是由主持人为主体完成的传播活动,但是,正如

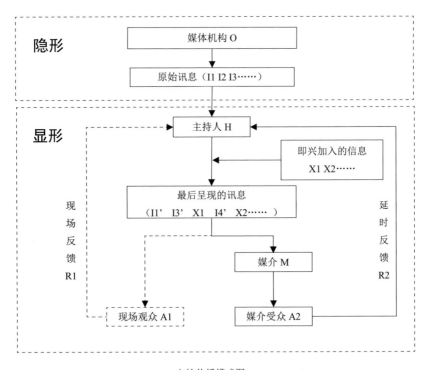

主持传播模式图

马莱茨克模式中所言，主持人本人是与一个工作群组紧密联系的，在前期对主持传播讯息的甄别筛选和制作过程多由媒介机构中的其他职员完成，如记者、编导、策划人员等，大多数时候主持人也会参与其中，参与程度依据不同的节目形态而定。由这些人员选择、组织的信息（I1 I2 I3 等）成为主持人的原始素材，同时，媒介组织负责为主持传播的具体实施场地、环境、环节等其他要素进行设计、落实。

主持传播的具体实施阶段是显性地呈现在受众面前的部分，主持人根据现场情况对原始讯息进行主动的选用、剔除，有时也会有少许的遗漏（如图中所示，原始讯息 I2 可能因为上述的某种原因没有出现在实际主持传播中）。另外，在主持现场，主持人会对原始讯息进行加工（使得成为 I1 成为 I1'，I3 成为 I3'），并即兴依据实际现场情况加入新的讯息（X1 X2 等）以辅助完成内容传播，现场改动的程度在不同的节目类型中会有很大的差别。原始讯息与最终呈现的讯息之间的差距空间，为主持人发挥主观能动性进行突破、创新和节目个人化、个性化提供可能性。

在有现场观众的节目中，主持人最后通过语言、神态、体态等传达出来的讯息，一方面即时传递给现场观众，并产生或多或少的现场反馈（靠主持人本人的控制），而这些反馈对整个传播过程会产生即时的、介入性的影响。从这个意义上讲，现场观众的反应成为主持传播主体创作中的一部分，可以随时转换为 X1 X2 进入传播内容。另外，对场外的广大受众而言，他们接收着来自媒介加工过的现场信息，给予节目自发的或被动的（被抽取做节目受众调查）延时反馈，从而对以后的节目和主持传播产生影响。另外，在直播类节目和非直播类节目中，主持人对本次传播活动的责任有一定的差别。在直播情形下，由于传播信号是几乎与现场同步的，主持人成为传播环节中最后一个把关人。由于无法进行后期的编辑调整，监审人员只能选择是否继续播送，而无法操纵或改变直播的内容。而录播类节目则会经过后期编辑和审核人员的再度把关，主持人对内容和时长的把握会相对放松，因而一般情况下到达现场观众 A1 和场外观众 A2 的讯息会有些许出入。在没有现场受众的主持传播中，主持人与受众的互动回路仅限于图中右侧实线部分。

以上这个模型概括了广播电视媒介中主持传播的基本环节和流程。一次效果良好的主持传播行为要依赖前期精心细致的策划安排、主持人的职业素养和专业能力，以及主持人与观众在现场的良好互动等。

四、主持传播的特点

主持传播作为人际化了的大众传播方式之一，拥有独特的传播手段和传播模式，因而便会有自身独特的特点和长处。总结起来可归纳为以下几个方面：

1. 人际化

作为大众传播的一种特殊形式，主持传播的人际化特点十分突出。在前文中也有所提及，主持传播的出现改变了以往大众传播呆板、程式化、制度化的传播方式，受众体验也因此由集体性的行为过渡到个人行为。尤其是在网络新媒体盛行之后，以前看电视是一种家庭聚会的形式，而现在人们可以通过网络定制自己的播放列表，甚至许多新型电视机可以提供类似的服务。电视收看的目的由追求共性同享过渡到追求个性满足。受众的收视习惯之所以会发生这样的变化，正是由于早期以主持人和主持传播为主导的电视节目的兴起所带来的。主持传播最基础的人际化特点给主持人和受众之间的关系带来了根本性的改变，尤其是在心理层面。受众面对电视机时不再只是面对一台机器，而是面对其中的"人"；电视节目也不再是死板的版块，而是"人格化"了的生动的交流平台。主持人在电视平台上地位的提高拉近了大众媒体与受众之间的距离，使受众感觉更有亲和力，便更有参与的欲望。在日常生活体验中，人们都喜欢与自己谈得来的人交往，喜欢与志趣相投、爱好相近、观念相似的人交友，因而理所当然的，受众在面对人格化了的电视节目和人际化的主持传播时，也会基于这种心理进行选择。所以，人际化的主持传播的兴盛带给广播电视媒体人格化、个性化的特质，培养了现代媒体受众的媒体素质。

人际化的主持传播相比其他大众传播手段有其优点，但也要注意把握随之而来的节目人格化、个性化和个人化的"度"。归根到底，主持传播人际化就是要通过淡化大众传播的工具性来在心理层面上实现传受双方的交际对等性，但仍需承担其大众传播的基本社会责任。过度个人化和个性化往往会使传播过程中传受平衡走向另一个极端——过度个人化会将"主持人服务的媒体平台"变为"服务主持人的媒体平台"，过度个性化会将"于主持人个性中突显节目要旨"变为"在节目中烘托主持人个性"，主客体的位置互换会导致不良的社会效果和社会反应。长期下去，受众便会因得不到有效信息或满足不了自身的需求，选择弃之而去。

2. 对象化

主持传播的人际化带来了其对象化的特点。大众传播中的对象就是受众，是一个具有高度不确定性的群体，不仅数目不确定、身份不确定，在年龄构成、性别比例、城乡比例等诸多人口学因素上，都具有不确定性。另外，每个人都有自己的兴趣爱好，受众作为一个群体更是口味复杂、极难满足。然而，主持传播对象化的特点在一定程度上可以减弱这些不确定性的影响，而使传播具有普遍的感染力。

所谓对象化就是一改传统大众传播"一对多"的方式，而采用"一对一"的传播模式。当然，以大众传媒为平台载体的主持传播不可能真正实现"一对一"传播，却可以通过人际化的交流手段和途径，达到"一对一"交流之感。在语言层面，主持人以"您"为交流对象的话语体系，以问答、沟通式的交谈方式可以达到很好的对象化效果。另外一些肢体语言，如手势、动作、眼神都可以通过镜头传达给电视机前的受众，使其产生"主持人在与我对话"的感觉。在对象化手段的使用上，要求主持人有受众意识，要做到即便看不到但心里有受众。对主持人而言，受众不应该是一个空泛抽象的概念。在进行主持传播时，主持人心中要将受众形象具体化，想象自己在与一位实实在在的人对话、交流，那么，传播的对象感便会得到提升。

3. 全息化

此主持传播模式中，最后呈现给受众的"讯息"是一个含义丰富的概念，不仅包括预置的具体的物质信息，也包括一些无形的、抽象的隐藏信息。主持人在传播过程中不仅仅是讯息传播的主体与介质，同时也是讯息本身。加拿大媒介生态学家麦克卢汉曾提出"媒介是人体的延伸"和"媒介即讯息"的观点，即"任何媒介（即人的任何延伸）对个人和社会的任何影响，都是由于新的尺度产生的；我们的任何一种延伸（或曰任何一种新的技术），都要在我们的事务中引进一种新的尺度"。麦克卢汉所谓的新尺度即是媒介将给社会带来的最深刻的影响和改变。他认为，每一种媒介即每一种人体的延伸都将改变人们感知世界的方式，进而改变着人们的生存方式。新的媒介形态改变着人们对自身和社会的经验，而这种影响则比媒介传递的信息内容更重要。

从广义的媒介概念看，大众传媒上的主持人也是一种传播媒介，因而在主持传播中，主持人作为讯息载体的同时，其自身也是讯息，以主持人传播为主的广播电视形态的出现改变了人们长久以来的媒介观念和感知世界的方式。所以，从"媒介是讯息"这个角度看，"主持人即讯息"是成立的，并且从不同时代的主持人身上，可以清晰地看到该时代的特征。主持人在广播电视媒体平台上进行讯息传递的同时，其本身作为一个符号也是大众传播机构所传递的内容。主持人的有声语言是传递讯息的载体，而其他外观——如神态、动作、姿势、口音、服装、发型等无声"语言"或形象符号，也会被观众当成讯息来接收和理解。

这就是主持传播的"全息化"特点。所谓全息化传播，就是指"采用立体化的手法，全方位多层次地传递信息，甚至传递着信息之外的超信息"[1]。这些超信息若运用得当，则会对主持人既定的传播内容提供解释、补充、突出强调等辅助作用，便于受众的理解、接纳和记忆，还能使主持人和节目本身富有个性、增强识别性，同时加强语言所传递内容的感染力和说服力。因此，主持人在注重提高主

---

[1] 陈虹：《节目主持人传播》，上海：复旦大学出版社，2007年，第67页。

持传播的语言技巧时,也要注重自身其他因素在节目中的体现,因为这部分隐形信息的传递会给受众带来更深远、更长久的影响。

当然,主持传播并不可能做到完全的"全息",因为主持传播的展现渠道——广播电视平台总是具有一定的限制,不可能做到完全立体性的、全方位的展现。但是,与其他大众传播手段相比,主持传播仍以表现手段丰富而见长,并且作为一个实实在在的个体,受众总可以把日常人际交流的经验,以假想的方式嫁接到与屏幕中的主持人的"交流"中,因而主持人可以借助丰富的人际交流手段、类语言和非语言符号的运用来丰富个人表达。在同一社会语境[1]下的受众便可轻易捕捉、接受并理解这些讯息所表达的含义。

---

[1] 此处的社会语境是文化传播学中的一个概念,将在第二章详细讨论。非语言符号的表达需要注意特定社会文化语境的限制,在不同语境环境下同一符号可能有不同的表意,因此主持人"全息化"的表达手段应考虑语境因素。

第一章 主持传播的主体——主持人

一档电视节目从前期的策划到最后的播出,由很多环节组成。主持人作为其中一个关键环节,影响着电视节目的播出效果。因此,主持人对自身在整个过程中的角色定位要有清晰的认识。同时,随着中国电视的发展,对主持人能力的要求也在不断变化。一名主持人要具备什么样的能力才能胜任自己的工作,也成为需要被讨论的重要问题。另外,随着媒体多元化的发展和新媒体的介入,受众对主持人的了解已经不再仅仅通过电视上的节目,而呈现多方位的特点。所以,主持人也需要在自己的形象塑造方面有所考虑。

本章将从主持人的角色定位、能力需要和形象管理三个方面展开讨论。

第一节 角色定位

角色这个词来源于戏剧,与在戏剧中的含义一样,指的是处于特定社会位置的人被期望表现出的行为。[1] 角色也是一个社会学和社会心理学上的重要概念，角色是"处于一定社会地位的个体，依据社会客观期望，借助自己的主观能力适应社会环境所表现出的行为模式"[2]。如果将这个概念放到主持传播中，那么，主持人这个角色承担着受众特定的期许。因此，主持人必须明白应该怎样满足受众的期望。具体来说，电视节目的制作过程中不同的主体有着明确的分工与职责，对于主持人来说，他在节目的制作过程中应当扮演什么样的角色，也是本节讨论的问题。

另外，在讨论主持人角色定位的时候，"核心"这一词引发了很多争论，主持人是否是节目制作过程中的核心角色，本节会有重点陈述。

一、节目意志的执行者

电视节目主持人是节目意志的执行者。这里的节目意志分为两个方面。一方面，节目意志需要被放在党和国家宏观的层面讨论，也就是所谓的"政治正确性"。"政治正确性"是指说话的时候，遣词用语和态度一定要表现出潜在约束下的严格、公正。[3] 陈虹在《节目主持人传播》中如是表述："节目主持人是国家传播机构的参与性成员，一切传播行为必须无条件地遵守党和政府的旨意。主持人应当准确地、创造性地宣传党的纲领、方针、政策，无条件地体现并维护所属媒介的公信力。"[4] 对于从事中国广播电视事业的主持人

---

[1] [美]戴维·迈尔斯：《社会心理学》，北京：人民邮电出版社，2006年，第102页。
[2] 周晓红：《现代社会心理学》，上海：上海人民出版社，1997年，第360页。
[3] 任季玮、赵研均：《论新闻采编中的"政治正确性"》，《国家形象对外宣传论文集》，中国国际广播出版社出版，2009年，第61页。
[4] 陈虹：《节目主持人传播》，上海：复旦大学出版社，2007年，第102页。

而言，这个概念必须牢牢谨记，它是主持人进行主持传播的基础。另一方面，主持人是在节目录制现场的组织者，节目主创团队所准备的方案要通过主持人在现场进行执行。因此，主持人需要在主持传播中时刻贯穿创作团队的构思，执行主创团队的意志。

主持人在进行传播的时候需要达到两者的统一，也就是说，他（她）必须时刻谨记自己所处的媒体是党和国家的喉舌，为节目的内容把关，通过节目传播符合国家利益和民族审美习惯的内容。主持人还需要清晰地执行节目组关于节目的方案，完成节目组在节目开始之前所设定的环节预置、问题预置等，以达到节目所要传达的效果。

二、节目受众的代言人

除了代表媒介的意志外，主持人还是公众的代言人，在节目构思、创作、播出等环节上要处处为受众着想。正如俞虹在《节目主持人通论》中所说的那样："受众毋庸置疑是广播电视进行大众传播活动的唯一的也是终极的目标，并且当前已经进入了分众传播时代，节目受众的指向性愈趋明确。因此，主持人在节目构思时，绝对不能忽略受众这一重要因素。要想取得最佳的传播效果，就必须了解受众，关心受众；检验传播效果如何也必须从受众方面来衡量。"[1]

因此，主持人的角色设定一定要亲近受众。现在一些主持人误以为自己是明星，便在节目中摆架子，不把观众的需要放在眼里，这是极不可取的。从某种角度上说，是观众赋予了主持人出现在大

---

[1] 俞虹：《节目主持人通论》，北京：中国广播电视出版社，2004年，第165页。

图 1-1 《赵普 @ 两会》与《小丫跑两会》等节目,体现了主持人在主持传播中所表现出的节目受众代言人的角色。

众媒介上的权力,以个人的形象进行主持传播。"水能载舟,亦能覆舟",如果主持人不始终将观众的利益放在首位,就无法获得观众的认可。当然,这样的主持人是最终会被广播电视事业抛弃的。

例如,央视在 2012 年 3 月 6 日至 12 日在《晚间新闻》连续播出的 7 集特别节目《赵普 @ 两会》,以及之前"两会"期间推出的《小丫跑两会》等节目,都鲜明地体现了主持人在主持传播中所表现出的节目受众代言人的角色。节目主持人赵普和王小丫在节目的录制过程中,提出了许多受众普遍关心的议题,与到场的嘉宾进行讨论。在这样的讨论中,主持人将受众的利益需要带进了节目,体现出了媒体对于受众的关怀。

三、受众与媒体的中介

主持人传播是一个双向的过程,既是节目向观众进行传播,同时观众也会主动地参与到节目的进程当中。在这个前提下,主持人应该能够使观众和节目之间形成良好的互动。媒体人常常将节目制作团队和受众群体比喻成沙漏的两端,而主持人就是中间的那个连接点：节目团队的创作基本上要通过节目主持人进行外化，受众必须透过主持人的表达才能了解节目团队的用意。

这里提到的观众分为两种，一种是录制现场的观众，一种是在电视机前观看节目的观众。前者要比后者的参与性更强，而后者的数量则远远地大于前者。主持人在进行主持传播的过程中首先要调动现场观众的气氛，使现场观众与节目的内容之间产生联系，拉近观众与录制内容的距离，以便在录制现场形成一个整体的愉快的氛围。在一些特定的节目类型中，主持人还可以通过访问、询问、现场互动等方式，使现场观众参与到节目中来。同时，主持人也要始终谨记电视机前的观众的需求，并以这样的需求为基础，激励自己在节目中去引导节目内容，以向电视机前的观众的需求靠近。

四、主持人是否是核心的讨论

主持人是否在节目的制作过程中扮演"核心"角色，已成为业界争论的一个话题。"主持人核心制"是现在电视节目发展的一个重要趋势。这个概念强调在电视节目的制作过程中主持人充当主导角色。持这一观点的人通常认为，应该由主持人来扮演"决策者"的角色，为节目的整体内容和编排负责。例如，央视的《新闻调查》、《看见》，东方卫视的《杨澜访谈录》等节目都已经开始了"主持人核心制"的践行。

讨论主持人作为节目制作的核心角色这一概念的时候，有几点需要明确：

首先，主持人核心这个概念并不适用于所有节目。例如，《新闻调查》、《看见》、《杨澜访谈录》等节目中，主持人是核心。原因在于此类节目的形式要求主持人全方位地贯穿到整个节目的内容编

图 1-2 《新闻调查》、《看见》、《杨澜访谈录》等节目要求主持人全方位地贯穿到整个节目的内容编排和形式设计中。

排和形式设计中，主持人的主观能动性在此类节目中得到了最大化的体现。但是，另一些节目则不具备类似的特点。例如，晚会司仪、社教类节目的前景主持人等，此类节目中，主持人更多的是起到了串联节目使之连贯的作用。很显然，在这样的节目形式中，主持人并不处在核心的位置。

再以我本人为例，我在央视的主持中有两个非常重要的节目，分别是《艺术人生》和每年的春节联欢晚会。在《艺术人生》这档节目中，我基本处在核心的位置，每一场节目的录制我都会全面地参与到前期准备、现场录制等各个环节，最关键的是在聊天的过程中是由我来引导嘉宾的表达。但是，在央视春节联欢晚会的直播过程中，所有的节目都已经过了精心的排练，我所需要做的是在晚会的开始、结束、特定时间（如报时）以及节目之间的串联工作。我作为主持人的角色对于晚会很重要，但是绝对不在核心的位置，处在晚会核心位置的是晚会节目。关于这一点，我曾说过这样的话："如果一个晚会让观众只感觉到主持人非常不错，那这个晚会一定不是成功的晚会，因为晚会的主角是表演节目，而不是主持人。"

其次，即使是在确立了"主持人核心制"的节目中，主持人也不是在每一个环节都充当核心的角色，因为在不同的前提下，主持人的核心作用会发生一定变化。也就是说，主持人需要对"核心"这个概念有清晰的理解。从主持人的功能这一方面来说，一档节目的流程需要主持人进行驾驭，主持人负责推进话题、串联节目、提炼中心、促成互动。在这个过程中主持人的核心地位非常明显。对这样的"核心"的肯定，实则是明确了主持人肩上所承担的重任，他（她）需要努力使自己有足够的能力成为"核心"。但是，"核心"不等于主持人的自我表现，相反，这里的"核心"正是督促着主持人去辅助呈现节目所想要呈献给观众的内容。以柴静的《看见》为例，这是一个典型的主持人为核心的节目，节目的编排和内容设置主要由柴静完成。但是，我们，也就是受众，要看的并不是柴静在节目中有多棒，而是看柴静给我们带来了怎样精彩的内容。由此可见，主持人在节目中的"核心"是要求主持人更好完成节目的编排和录制，而不是说主持人是节目的"主角"。

最后，主持人核心不等于主持人以自我为中心，一些主持人错误地将"核心"的概念片面地理解为"我最大",这样错误的观念常常会导致主持人的自以为是和狂妄自大。主持人杨澜也表达出同样的观点:"节目主持人心目中一定要有节目的整体效果。一个节目主持人若在镜头前一点自我表现欲望都没有,那还不如去当观众。但反之,也不能太把自己当回事了,总想拿个劲,表现自己,这样做的结果会适得其反,观众肯定特烦你。"[1]

由以上三点可见,主持人核心与否的问题应该被放在不同的前提下进行讨论,而不能孤立的看待。这一点正如中国传媒大学博士生导师张颂教授所说:一个节目,有内容也有形式,设置主持人是节目内容的需要,主持人虽然处于节目的中心,却必须服从"节目内容决定节目形式,节目形式又反作用于节目内容"这一原则。[2] 在不同的需求下,主持人的角色会发生转变。需要注意的是:主持人在节目的过程中需要了解自己所处的位置,才能准确地把握自己的职责,更好地完成主持传播。

第二节 能力需要

主持人完成了自己的角色定位之后,就会遇到一个现实的问题:主持人的能力是否能够支撑他在节目中去扮演好自己的角色。一名优秀的主持人应该具备怎样的能力是本节将要讨论的问题。有一点需要注意,以下讨论的是所有主持人都必须具备的基本能力,但是,不同类型的节目可能会对其主持人有更具体、更高的要求;主持人

---

[1] 转引自俞虹:《节目主持人通论》,北京:中国广播电视出版社,2004年,第337页。
[2] 张颂:《播音主持艺术论》,北京:中国传媒大学出版社,2009年,第310页。

也应该针对具体的节目内容，有心地培养自己的能力。

一、政治素养

作为信息的传播者，主持人代表一定的传播部门、传播组织进行传播。在我国，大众媒体是党和政府的喉舌。因此，主持人的传播行为必须反映一名时期内的文化政策，正确引导大众舆论，保证受众能够通过媒体获得积极、健康、向上的信息。在这一前提下，良好的政治素养就成为一个主持人所应具备的最基本的能力。因此，主持人需要加强自身的政治学习，了解国家的方针政策，唯有如此，才能在正确的政治方向上做出优秀的电视节目。美国传奇主持人克朗凯特就曾表示："自从我从事这项工作以来，我就开始研究美国政治、历史。这已经成了我的习惯。我每年都要重新编写一本书那么厚的材料。因为这是一种帮助我记忆的最好办法，我把它称作案头书。"[1]

本书在之前提到的"政治正确性"，也是主持人在政治素养环节需要重点培养的理念。在了解了"政治正确性"的前提下，主持人应该在相应的能力培养上对自己提出新的要求。特别是随着当今全球化传媒环境的发展，新闻与政治的、民族的利益捆绑得越来越紧。作为节目内容的传播者，主持人更要加强对于节目的"政治性"理解，更好地树立国家传播机构在公众中的形象。

二、文化修养

知识是指人在改造世界实践中所获得的认识和经验的总和。作

---

[1] 转引自俞虹：《节目主持人通论》，北京：中国广播电视出版社，2004年，第318页。

为文化的传播者,电视节目主持人自身的文化素养也成为必要的素质。随着中国电视行业的迅猛发展,对主持人的文化水平要求也在逐渐提高,主持人是否能在节目中以自己的文化修养驾驭节目的内容,也成为观众判断一名主持人是否称职的重要标准。主持人水均益就曾表示:"主持人在知识方面、阅历方面必须是个很好的资料库,需要您广知博览,就如人们常说的记者是'外行里的内行,内行中的外行'。"[1]

专家型主持人的出现引起了学界的一些议论,本书在此并不想对这一类型的主持人做出评论。以笔者之见,虽然主持人没有必要成为某一方面的专家,但是主持人一定要努力丰富自己的知识架构。我曾经说过:主持人不必成为某种"特效药",但要尽量使自己成为"万金油"。主持人只有不断地提高文化修养,才能使自己的语言生动有力,使节目具有营养。

三、身心素质

身心素质分为两个方面:身体素质和心理素质。

主持人是体力消耗很大的工作种类之一,面对不规律的工作时间、舞台和演播室的高强度状态,主持人的身体素质就显得尤为重要了。例如,央视的"心连心"艺术团常常要到交通十分不便的边远山区或高原地区演出,主持人没有好的身体素质就无法胜任。因此,主持人要加强自我身体素质的训练,以迎接工作中可能会遇到的挑战。

另一方面是心理素质。现在的很多节目都采取直播的形式,对

---

[1] 转引自俞虹:《节目主持人通论》,北京:中国广播电视出版社,2004年,第314页。

主持人的心理素质要求很高。由于电视是线性传播的媒介，要求主持人要在规定的时间内较为顺畅地完成主持传播，而且很少能有反复改正的机会。主持人要加强自我心理素质的训练，才能在节目录制中从容应对。

四、语言能力

电视作为大众传播媒体，担负着向大众传播信息的社会使命，用明确的语言去"说明"，主持人与观众的信息传播才得以完成。语言是电视信息传播的重要载体，主持人作为传播主体，传播信息是其基本的职业技能，反映的是主持人的语音技巧。说一口标准流利的普通话是基础，在这个基础上，主持人还需要熟练掌握播音主持的内外部技巧。内部技巧包括对象感、情景再现和内在语，外部技巧包括停连重音、语气节奏。内部技巧帮助主持人从内向外地更好地驾驭语言，而外部技巧则可以直接地帮助主持人以更好的语言状态达到更好的传播效果。良好的有声语言基础可以让主持人在主持传播中得心应手，但是，如果语言的基础没有打好，那么，很容易影响主持人在传播中的表达。

赵忠祥老师对主持人的语言有过如下的表述："主持人语言尽量贴近生活，不是贴近生活当中不优美的东西，而是贴近生活当中我们提炼出来的、我们找到的最好的表述方式和最优美的包装。是的，我们平时的讲话就做到言之有物，有逻辑性，准确、鲜明、生动，在话筒前和生活中没有什么截然的区别。工作时语言生活化，生活当中又有规范化，用这样的标准来修炼自己，这就叫功夫、基本功。我想只要你练，时间久可以改变一切。"[1]这段话很准确地表述了主持人在语言上应该呈现的状态，同时也为主持人在平时的训练提供了方法。

更进一步说，要做到正确而精准地传播信息，考量的范围会更广。其中，包括对语言艺术的掌控。运用语言的沟通力量，拓展语言传播的范围，丰富语言传播的内容，才能彰显电视媒体的语言影响力。

五、驾驭能力

主持人是节目的驾驭者。这里提到的驾驭不同于语言的驾驭，更侧重指主持人对于整个节目流程和录制现场气氛的驾驭。打个比方，主持人就像是一家之主，一定要把请来的客人照顾周到。

首先，主持人一定要有大局观，要从大的方向上控制节目的进程，使节目的各个部分得到有效的连接，形成一个统一的整体。其次，主持人在节目中要细致地对待转折处和连接处，使之顺畅地过渡，而不能显得突兀。最后，主持人需要将节目要表达的中心贯穿到节目中去，使节目前后统一，不能出现在价值观或审美体系上的前后矛盾。

六、反应能力

主持人是节目的串联者和组织者，需要有力地推进节目的进程。在节目的现场常常会有意外发生。这种意外可能来自硬件设备的失误，也可能来自嘉宾的不配合等方方面面。主持人需要具备应急的能力，以保证节目能够正常地、安全地进行录制。

敏锐的反应能力，同时来自主持人自身的积累。由于节目现场

---

[1] 转引自俞虹：《节目主持人通论》，北京：中国广播电视出版社，2004年，第333页。

可能出现的意外五花八门，没有规律，所以，在这个能力的培养上也没有范式可循。主持人需要在日常生活中加强锻炼遇到紧急状况时的心态调整和快速处理能力。

第三节 形象管理

"形象管理"是现在的主持人遇到的新问题。媒体的不断发展已经改变了从前主持人仅仅在电视荧屏上单一出现的状况，而呈现出主持人多维形象的特点。换句话说，现在的受众所了解到的主持人是多方位的，受众可以通过电视节目了解主持人，还可以通过微博、社交媒介，甚至八卦渠道了解到主持人的方方面面。与之对应的，是主持人的形象管理的难度在不断加大。

最近几年，陆续出现了一些主持人因为在形象管理方面照顾不周而被受众误解的事件。事件发生后，受影响的不仅仅是主持人本身，主持人所在的节目和媒体也都受到了不同程度的影响。这样的"蝴蝶效应"给主持人敲响了警钟，在一个信息爆炸的年代，主持人必须思考如何才能进行有效的"形象管理"。

本节将从电视形象管理和社会形象管理两个方面论述主持人的"形象管理"问题。

一、电视形象管理

电视形象指主持人在电视节目中所呈现的形象。该形象作为节目形象的重要组成部分，很大程度上会成为节目的一个标志与象征。当提及这个节目时，观众会自然而然地联想到节目中主持人所呈现的形象，并成为观众区分、评价节目的一个标准。

每一位成功的主持人都应该有一个醒目的电视形象。在目前中国的电视行业里,尤其是同一类型的节目中,主持人形象风格的同质化现象颇为严重,从而直接导致了众多节目的同质化。从宏观上而言,这是一种资源的浪费;从微观上而言,则不利于节目自身的发展。特别是在今天,各种电视节目层出不穷,观众的口味与需求却精益求精,如何让观众记住和喜欢上一档电视节目,一个"旗帜鲜明"的主持人形象必不可缺。

要实现这一点,基本要求是主持人的电视形象与节目形象在基调上的契合。这种契合与节目的类型关系甚紧:新闻节目要求主持人形象严肃客观,晚会节目要求主持人大气端庄,经济类节目要求主持人睿智敏锐,少儿节目要求主持人亲切活泼。这便对主持人的外形、着装、妆容有所要求;主持人说话的语速、语调、措辞,也要根据节目的基调做出相应的调整。

图 1-3 即使在同一类节目中,也应根据节目自身的侧重与风格,在主持人形象管理上进行区分。

即使在同一类节目中，也应该根据节目自身的侧重与风格，在主持人形象管理上进行区分。就拿谈话类节目而言，《艺术人生》和《超级访问》，在节目定位上就有所区别，超级访问的气氛更为轻松，而艺术人生的气氛就更为沉静。因此，对于节目主持人，形象上的管理就要加以区分，《艺术人生》的主持人着装色调以深色为主，而且主持人的语言也更加庄重舒缓；而《超级访问》的主持人形象则以浅色的衣装为主，主持人的语言特点也相对比较欢快活泼。

另外，需要强调的一点是，相比以往所做的在主持人外形上大费周折而言，现在的受众已经开始更加关注主持人的内在形象。就拿我自己而言，语言其实在其次，在节目中透露出的真诚、朴实、风趣，才是我能够使人们记忆深刻的个人电视形象，以及《艺术人生》所传递的价值理念与审美情趣。

二、社会形象管理

除了在电视节目中呈现的形象外，主持人作为一名公众人物，在其工作外的场合也常常受到人们的高度关注，并且会自然而然地将主持人的社会形象的呈现与其所主持的节目联系在一起。因此，对于主持人社会形象的管理，也应该给予高度的重视。

这便要求主持人在日常生活中对自己的一言一行都给予重视，电视给予了主持人被关注的光环，同时也做出了规范与要求。作为备受关注的公众人物，主持人的行为举止会在社会上产生一定的示范效应，尤其是作为电视主持人，其公众人物的性质本就与影星、歌星有所不同。因此，即使在非工作场合，主持人的言行都应该与社会主流价值相符合，能够积极地影响大众。

在此不得不提到关于微博的话题，现在很多公众人物，包括不少的媒体从业人员，会将微博视作个人舞台，将其与工作区分开来，因此会发布了一些似乎与自己工作性质与工作单位价值观相悖的内容，从而引起舆论哗然。在微博开始兴起时，笔者也曾这样以为，在这个空间里，可以以自己个人的身份与立场发出声音和观点。可是，值得注意的一点是，对于关注微博的人来说，他们之所以关注，也大都是因为主持人所从事的工作以及所在的工作单位。就拿电视主持人而言，个人形象已经深深地被打上了节目形象与电视台形象的烙印。对于观众，很难将主持人的个人生活与工作完全区分开来。因此，在微博这个渠道中，无论主观怎样认为，但是，客观而言，在大多数受众眼中主持人依然是不仅仅代表着个人的。这要求主持人应该更谨慎地处理并有效地利用微博这个方式，更好地树立与自身电视形象相吻合的社会形象。

第二章 主持传播的环境

无论是自然科学、人文科学还是社会科学领域的研究，想要完整而准确地把握其间的运动方式或运作模式，就必须将所研究的事物放在一定的环境背景中。世间万物都是普遍联系的，没有任何一件事物是可以孤立而存在的。在这一哲学理念指导下，研究主持传播的一个重要着眼点便是对主持传播环境的分析把握。本章将立足于此，对主持传播环境进行由宏观到微观的剖析梳理，并研究环境对主持传播行为的由思想层面到技巧层面的影响。另外，马克思唯物主义哲学认为"一切存在的基本形式是空间和时间"，笔者亦会从空间和时间两个维度来解析各个层面的主持传播环境。

第一节 宏观——社会

任何一个社会性决策都要依据社会宏观环境进行制定、修正，任何一个社会性行为都要放进宏观社会视野中进行考量、评判。毫无疑问，主持传播亦挣脱不出这个框架。主持传播中的传播主体——传播者、受传者都是社会人，具有很强的社会属性，主持传播活动本身也是社会性的活动。因而探讨主持传播行为，必须放进宏观社会环境的以下几个维度来进行审视，同时这些维度也对主持传播产生了不同的影响。

一、时代语境

从历时性的宏观维度看，生活在不同时代的人必然在思想理念、风俗习惯、生活方式上有着巨大差异。从大众媒介所保留的文字和影像资料上可以很容易察觉到这一点，每个时代大众媒介所关注、报道、呈现事件的角度、倾向不同，每个时代大众媒介的表达方式、媒介语态也都风格迥异，主持传播深受时代背景的影响。前文已经提及中国节目主持人发展的代际更替，其实也是随着时代发展而不断变化的。可以说，时代的变更促进了主持传播的发展与流变，改变了主持人的表达方式、时代角色和历史作用。从1983年起的每一届央视春节晚会（下文简称"央视春晚"），主持人的语言及非语言传播符号的运用（主要包括话语方式、角色定位、服装发型等），都可以看出将近三十年来中国社会时代的变化给人们的生活体验、审美情趣、文化修养所带来的变化。

同样，随着社会在各个硬件设施层面和思想观念层面上的进步，整个社会风气也越来越关注个体、个性，而不再是集体时代的整齐、统一。因而近些年来，以电视媒体为例，越来越多不同形态、风格模式的主持人出现在荧屏上，以满足不同受众的观赏需求。同时，媒体对主持人的选拔标准也不仅仅局限于容貌端正、普通话一级甲等，而是更加强调思想性，强调主持人个人的风格色彩。另外，主持人在进行传播活动时，由于社会整体环境对个体的尊重程度提高，出现了一些相应的改进。比如，电视采访中出现普通百姓时要提及

图 2-1　从历届春晚主持人身上体现出几十年中国社会时代给人们在生活体验、审美情趣、文化修养上所带来的变化。（依次为 1997 年至 2013 年春晚）

其姓名以示尊重，不能像几十年前一样以其职业身份一带而过，甚至根本不做任何标注。在与儿童进行对话时，主持人要以与儿童平等的姿态进行交流并给予充分的尊重——在空间位置上要基本保证谈话时眼神平视。于是，主持人或者与儿童同坐，或者儿童站立时作为成人的主持人需要蹲下。

这些都是社会时代的转变给主持传播甚至整个大众媒介所带来的影响。时代语境是不可违背的，如果现在仍拿出革命时期宣传式、口号式的播报、说服方式，无疑是滑稽可笑又招致反感的。同样，主持人在主持传播过程中，如果忽视或拒绝以与时俱进的思想来指导其行为，则会违背受众意志，引起广大受众的不适甚至不满。由此可见，主持传播必须重视大的时代语境和时代背景，才会和当下受众的关注喜好、审美取向、思想观念相契合，从而达到更好的主持传播效果。

当然，重视时代语境并不意味着完全顺从于时代。任何一件事物都存在两面性，主持传播要吸取时代好的方面进行发扬，同时也要有足够的敏感度和责任感来矫正时代中的不良发展势头。如果用两个名词来形容当下中国的时代特征，那么，"消费时代"和"数字时代"应该是很贴切的。即使无须从阿多诺的高度来批判"消费社会"，也必须批判地去审视当下中国许多不良的消费习惯和消费观，而引领正确的消费观是大众媒体责无旁贷的责任（不得不说一些主流媒体在这一点上是有缺位的）。

对于主持人来说，认识到这一点是非常重要的。消费其实是渗入到生活中各个角落的，所以在很多情形下主持人会面临关于消费问题的谈话讨论等，甚至在访谈过程中有的嘉宾会大谈特谈自己的消费习惯或在无意中谈起有关消费的经历。如果主持人此时没有意识对正确的消费观应施加引导的话,那么,受众自然地就会接受嘉宾的消费模式和观念。长此以往将对大众和整个社会产生非常严重的影响。

考虑到当下的中国国情,贫富差距较大,不良消费观的长期影响甚至可能引发一些社会不稳定因素。其实,"向钱看"的观念已经不是社会的主流了,尤其是近些年来我国民众的消费结构发生了很大的变化,大众生活关注的重心也发生了由物质层面向精神层面的转移,对精神享受有了更高层次的要求。许多节目中仍在靠不良消费观的噱头搏出位、赚收视率,则是对公众和社会的不负责任。主持人在主持传播过程中遇到相关问题时,需要注意对话语方向的把握和健康消费观的引导,引领大众对精神层面的追求。值得注意的是,主持人要有对受众心理的充分了解以及引导技巧的灵活运用,才不会弄巧成拙。

数字时代的语境下,以青年人为代表群体的大众开始被网络语言和碎片化、无序性的表达方式所侵蚀,数字化的语言特征渗入到口语、书面表达的方方面面。主持传播作为传统的大众媒体上以口语交流为主的一项传播活动,需认清数字化时代环境给严肃正统的表达方式带来的挑战。在语言规范上,网络新词不断涌现,一些非逻辑性的表达方式在网络上盛行,特别是140字微博体的走红,在真正意义上开始改变大众的表达方式和思维方式。作为传统大众媒体上的主持人,一方面需要对时代趋势有所认知,对新型网络语言进行批判性地吸收,在主持过程中适当使用恰当的新兴词汇,会使表达更富有时代感和生活气息;另一方面又需警惕网络语言的大规模入侵,威胁汉语语言系统的纯洁性和严谨性。主持人担任着保护和维护正统言语形态的责任,应采用适当的、受众乐于接受的方式,为保护汉语语言做出自己的努力。大众媒体上的传播者需要有职业自觉和专业责任感，充分、有效地承担起大众广播电视有声语言传播的话语责任。

二、国内环境

除了总体的时代语境，主持人的传播环境还需要把主持传播放进国内的政治、经济、文化、法治等领域中来进行讨论。对于不同国家和地区而言，在同一时期面临的具体社会情境是不同的。一个国家的政治经济体制和历史文化传统决定了它的发展形态。国际上流行从硬实力和软实力两方面来对一个国家的综合实力进行评估。从这个角度来看国内环境，可将其分为"硬"（政治经济体制环境）"软"（历史文化传统环境）两部分，而近来流行的"巧实力"战略实质上是对"硬""软"两实力的综合运用。在任何一个国家内，大众媒体尤其是该国家的主流媒体，都是"巧实力"战略运用的重要手段。

政治经济环境是刚性的，对国家的媒体体制和运营方式产生直接的影响，从而在更深远层面上影响媒体平台上的具体媒体行为。不同国别的媒体在所处的社会环境背景下都有其优势和劣势。不同国家的政治体制环境也造就了不同的媒体性质。以美国为代表的商业媒体，欧洲的公共媒体，以及我国的国家媒体，都是不同的政治经济体制长期作用于社会的产物。在中国特色社会主义的政治体制和社会性质下，大众媒体承担着党和政府耳目喉舌的重任。于是，我国的节目主持人在主持传播活动时的角色，则与公共媒体、商业媒体中的有很大的不同，这意味着主持传播的出发点、基本宗旨、观点立场都有所不同。社会主义特色的市场经济决定了我国大众媒体的运营方式，参与市场竞争，主要依赖广告收入来支持运营，这要求媒体细致体察受众的需求和偏好，以制作满足受众口味的广播电视节目，从而争取市场占有率。这一点与西方商业媒体又有相似之处。喉舌功能和商业化运作方式并行，为我国媒体平台上的主持人们提出了更复杂的考验，要双方兼顾，不能有所偏废。

从软性的历史文化环境上来看，不同的文明渊源将引领一个民族的思维习惯、表达习惯、交往习惯朝着不同的方向发展。东西方文明在这一点上产生了巨大的差异。任何主持人在特定的文化传统中从事主持传播活动时，都需要结合该地、该国的文化传统、民俗环境，才可保证传播的顺畅性和有效性。

美国著名人类学家爱德华·霍尔曾在 20 世纪 50 年代提出了"高、低语境"文化的概念。语境，简单地说，即是交流时的客观因素，接收者能够直接联想到的各种成分或因素，在特定环境下语言与意义的关系。本书在导论中引用高贵武副教授关于主持传播与大众传播、人际传播的关系时，曾提到主持传播的传播语境是一种高语境的模式，与"高、低语境"文化是不同的观照角度。高贵武所提出的高语境模式是相较于其他大众传播语境模式而言的，尤其是有现场嘉宾及现场观众的主持传播中，首先是主持人与嘉宾之间的人际传播，继而是面向广大受众的大众传播，但是，主持传播中的人际传播成分是为了服从大众传播目的的。因而在高贵武的总结中，所谓的"高语境"是指主持现场情境，主持传播是在一个高语境的环境下进行的。

但是，在不同的国家环境中，由于历史文化传统的不同，主持传播所在的总体社会环境分为高语境文化和低语境文化两种。普遍来说，世界上不同国度的文化都可以通过"高语境"文化和"低语境"文化这一组概念来进行归类。在高语境的交流中,许多传播者要表达的意义没有包含在话语当中,而是蕴藏在非语言符号或引申语义中,语言的模糊性高。因此,在高语境中交流存在含蓄、隐晦、间接等特点。中国、日本等东方文化是高语境文化的典型代表。相反,在低语境中,交流双方主要依靠语言本身传达意义,具有直白、准确、明朗等特点。以美国为代表的西方文化是典型的低语境文化。高语境特别强调观念认知和文化思想的传承与统一,因而只有在传、受者双方在文化背景、知识储备及思想观念上达到高度的同质化和相似性时,交流活动才能够通畅的进行。

"高语境"的文化特性在中国的电视节目中体现的较为明显,对其灵活运用常常会产生如国画般"虚实相生"的意境,余音绕梁,令人长久回味。就像中国绘画中的"留白",这是符合中华文化思维的一种表达方式,而在"低语境"的西方文化中是极少见的,也没法被受众接受和理解。笔者在主持过程中,会特别在这一点上用心,以丰富主持传播中的艺术性的处理手法。2001年《艺术人生》做了一期关于陈凯歌导演的节目,在整个节目的结尾处,有这样一段对话:

朱军:我们还剩下最后一个片盒,应该说这本片盒是这几本片盒当中是最重的,无论从分量还是到内容都是最重的,您猜猜看这里是什么?

陈凯歌:钱。

朱军:您觉得钱对您重要吗?

陈凯歌:开玩笑,钱当然重要了。认识到钱对我们这个国家和人民的重要性,是我们的一个进步。但是,除了钱还有别的,一定是这样的。

钱还有别的,一定是这样的。

朱军:这里到底是什么?

陈凯歌:我想一定不是钱,很重的。

朱军:分量很重,真的是很重,你掂量一下。

陈凯歌:那就是人心了。

朱军:可以说是人心,是每一位喜爱中国电影、喜爱您的电影的观众的心。我们还是打开,就不要卖关子了。这是一个从陕西延安尹家沟寄来的特快专递,是新华书店的一位朋友,在内容一栏里写着两个字:"黄土"。

陈凯歌:我非常感动,我真的非常非常感动。

朱军:我想这包黄土的寓意和他的期待,其实我们彼此都非常清楚了,希望您珍藏《黄土地》时候的激情。所

图2-2 访谈中"高语境"文化语境的运用是符合中华文化的表达方式。图为《艺术人生》采访陈凯歌一期。

以这期节目到这儿也应该画上一个比较圆满的句号了。再次感谢凯歌导演来到我们的演播现场，感谢现场所有观众光临我们的演播现场，再次感谢大家，谢谢。

陈凯歌：我们聊得真高兴。谢谢大家，非常感谢，这我得保存好。

在以上笔者与陈凯歌导演的对话中，有很明显的、很浓厚的中国式交流方式的体现，而且在黄土的寓意方面，也不必说破，因为"黄土"这个符号在中国社会的文化语境中、在现场的交流情境中以及与陈凯歌导演本人的相关性等背景信息所分别代表的含义，是主持人、嘉宾、场内外受众所共知的，便无需赘述的。所以，在中国的节目主持传播中，有时候不点明、不说破，非但不会影响信息传达的有效性，反而会增加一些传、受双方可以共同体会的特有韵味。就像中国的诗文偏爱含蓄，这是深深蕴含于文化基因中的特质。保留一份空白，便是保留了对中华文化的敬重。

当然，这种方法的使用对不同节目形态有不同的适应度，主持人本人对此应有所把握。虽然目前中国的媒体发展情况还远落后于西方强国，无论是媒体技术、节目制作水平，还是媒体人员职业素养等方面，确实有许多需要向之讨教、借鉴、学习之处。但是，这不意味着国内主持人需要弃自己文化之精良，去寻求一种普世的甚至西方化的表达方式。尤其对主持传播来说，坚守有中华思维的表述方式更容易让普通百姓感到亲切，在受众间引起共鸣。国内媒体上现在涌现出一些融合了中国文化特色的主持风格，将中国传统曲艺、评书的讲述方式纳入主持传播中，受到受众的青睐，正是由于该主持人意识到中国百姓间的传统文化环境，符合百姓交流和倾听的方式，可以产生更好的传播效果。

三、国际环境

对于主持传播的宏观环境来说，除了时代语境、国内环境外，还需要注意国际环境。这在全球化的当下更是不能忽视的。中国的发展目前仍处于现代化的进程中，复杂的国际形势对国内现代化的建设和完善构成了不可忽视的外部环境。中科院中国现代化研究中心主任何传启认为，国家的生存发展，受到两个环境因素的制约，一个是自然环境，另一个是国际环境。国家现代化与自然环境的相互作用和互利耦合，简称为生态现代化；国家现代化与国际环境的相互作用，可以简称为国际现代化。如果把国家现代化的自身努力看成是内因，那么，国际环境就是国家现代化的外因。[1] 内因和外因的相互作用共同决定了事物的形状和发展趋势。可见，国际环境对当下任何一个国家的发展来说都具有巨大的影响。国内的大众传媒，尤其是主流媒体是党和政府的喉舌，服从于国家利益的发展方向，肩负为国家发展创造有利的舆论环境的使命。只有对国际环境有清醒的认知和把握，大众传媒才能更好地服务于国家发展，主持传播才能更好地发挥作用以促进国家现代化大业的建设。

在信息传播交流如此便捷、信息传播渠道如此发达的今天，受众在社会传播环节中显示出了前所未有的能量和活跃度。面对同一事件、同一热点，受众可以在第一时间内，通过可以想象到的任何渠道，获得事实细节和评论观点。获取信息渠道的丰富，意味着受众不仅可接触到国内媒体的相关内容，也可以接触到国外媒体呈现

---

[1] 何传启：《提升国际现代化不是可有可无》，《中国经济导报》2008年11月11日第B01版发展版。

的信息；不仅可以接收同一价值观的引导，更会遭遇多元价值观的冲击。作为专业的主持传播者，要对国际传播环境和全球传播环境有全面的认知和把握——不只包括关注国际事件和全球形势发展，更多地关注民众在多元而复杂的信息获取环境中可能形成的理性和感性的价值取向，从而在此基础上做出应对。受众视野的开阔，一方面要求主持人不能思想禁锢、闭门造车，另一方面更是考验了在多元价值观共同存在的舆论场中，主持人能否有能力坚持基本立场、牢记自身使命，完成对主流价值观的树立和传播。

另外，国内主流媒体的一项重要职能则是对外进行文化传播。了解国际环境意味着对国际各国的文化环境、媒体环境和受众需求有所掌握。随着国际交流的不断深入，许多主持人会面临国际化的主持环境。身处国外、面对他国受众，主持人要面对的是如何运用当地受众可接受的方式进行主持传播，同时又要彰显中华文化、展现中国风采。俗话说，入乡随俗。虽然语言不一定要相通，但是主持人要了解当地的风俗习惯和行为禁忌等，以免在主持过程中引起文化上的冲撞，带来不良后果。对本国文化的传播和展现并不一定是言语性的、刻意安排的，主持传播的特点之一就是全息化。在国际环境的传播中，主持人个人所承载、散发出来的讯息会带来更大的反响和效果，主持人就像一个窗口，使得对方受众了解这个国家的公民。在跨文化的传播中，一旦印象生成，便很容易成为刻板印象，长久地留在对方受众的观念中。因此，主持人在国际性的传播环境中，除了要对对方国家有相当程度的了解，还需要注重自身行为举止等细节。

第二节 中观——媒体

在拉扎斯菲尔德和默顿对大众媒介功能的总结中，曾提到大众媒介的社会地位赋予其功能，具体地说，就是大众传播媒介有能力赋予个人或团体特殊的社会地位，使其重要得足以突出于大众之外。这一点不仅对大众传媒组织以外的报道对象适用，事实上对组织内部人员，尤其是"台前"的主持人也十分适用。

一位主持人与他所在的媒体有着非常紧密的联系，两者相辅相成，相互影响。主持人作为一个职能岗位，从社会单元上讲是隶属于一个社会媒体的。这造就了主持人与媒体的最基本关系属性：雇佣关系。这也给主持传播提出了一个前提要求，即主持人是服务于该媒体单位的，其传播活动要建立在符合该媒体立场、价值观并遵从媒体基本利益的基础上。所以，从某种意义上说，媒体平台为主持人的主持传播活动提供了一个基本框架和要求，形成一定的约束力。同时，作为处在媒体"台前"的主持人，也通过媒介的社会地位的赋予功能获得了高于常人的社会地位和社会影响力。好的主持人通过所得的社会地位，可以为媒体争取到更多的受众，反过来使该媒体在受众间的影响力和知名度获得提升，从而增加经济效益。中央电视台原《东方时空·东方之子》制片人时间曾表达如下的观点："主持人就是一个商业化的符号，培养主持人、塑造主持人、强化主持人形象的唯一目的，就是让人们接受主持人，接受他以及他带领观众收视的节目（媒体赋予主持人社会地位），也就是接受了节目的影响，与此同时，广告收入增加（主持人提升媒体经济效益）[1]。

---

[1] 注：前后两个括号内的内容为笔者所加。

它是这样只用循环,这样一种因果关系。"[1]

前文曾提到,主持传播是汲取了人际传播优势的大众传播活动。主持传播强调主持人个人的风格与个性特点,从而吸引积聚相关偏好的受众,产生一种类似明星的个人品牌效应,许多受众观看某一个节目、关注某一个频道或某一个媒体,往往是因为要追随某一个主持人。因此,主持传播水平的高低和主持人个人魅力的大小,很多时候将直接影响媒体的市场占有率,也就直接影响其市场生存和长远发展。所谓"台柱子"便是对媒体中重要主持人作用的形象比喻。

主持人与媒体千丝万缕的联系还体现在受众对这二者的认识上。一方面主持人自身的行为、举止、观点等,在受众看来,不可避免地代表了其所在媒体的相关品格和立场;另一方面,受众会通过对某一媒体的普遍印象和认知来对该媒体平台上的主持人有一个基本的预期和评估。尽管某些媒体节目的片头或片尾处会标注"本节目观点仅为个人观点,与XX卫视无关"等字样,但是,长久以来的言论形态、节目风格等会给广大受众留下一个印象,继而影响受众群体对该媒体的认知和定位。对受众而言,主持人就是代表节目所在平台的媒体,不会深究幕后的人员构成,也不会看主持人的行为言论是不是在节目中发出。所以,主持人和媒体是不可分割的,离开媒体平台,主持人就失去了职业主持人的身份;媒体失去了主持人,也就失去了本身最大的竞争力。主持人与媒体的关系在当下的媒介环境下是相互依存的。

---

[1] 关玲:《〈东方之子〉主持人的文化超越》,《现代传播》1996年第2期。

第三节 微观——现场和嘉宾

主持人面对的微观主持环境，从抽象层面看是栏目组、节目组，这是人员形制层面的划分，具体到每一次主持实践的环境就是节目主持现场的所有环境因素，包括演播室、舞台、现场观众和嘉宾，共同存在构成的物质的场。主持传播固然在很大程度上需要在节目录制前期进行细致的策划和安排，然而真正的节目录制现场则是以主持人为主导的媒介传播环境。在这个主持传播发生的场域中，主持人在受众可见的显性层面上拥有绝对的主导权，考验着主持人各个方面的主持传播能力。由于抽象层面的微观主持环境（栏目组、节目组）与主持人本人的相互依赖共存的关系，与主持人与媒体的关系颇为相似，也甚好理解，因而在此不多赘述。笔者主要关注主持现场的具体微观环境——现场环境和嘉宾两个层面对主持传播活动的影响及作用。

一、现场环境

微观现场环境对主持传播提出的主要是技术层面的要求。当然，这要以主持人本身的积极寻求更好的主持传播方案为基础，才有可能在技术层面上有所突破。主持人通常要根据主持现场的空间环境和时间环境来对主持过程进行把握、对节目进程进行掌控和调整。空间环境包括主持现场和现场观众的实际空间关系环境，以及和电视机前其他广泛受众的虚拟空间关系环境。时间环境这一要素对直播节目与录播节目的影响各有不同。

1. 空间环境

主持的现场微观环境对主持传播的影响，通常体现在主持人的表达技巧、着装风格、声音掌控、情绪调动以及现场互动等方面。主持人首先要将自己融入现场环境，积极主动地调整自身状态以保证现场交流的畅通性，并在此基础上巧用现场环境特点来辅助自己的主持传播活动，从而有所创新，达到锦上添花的效果。在主持人需要根据物理空间环境的变换而转变主持传播方式和策略的实例中，历年央视春晚是其中的典型。20世纪90年代末，中国电视文艺晚会进入了一个黄金发展时期，搭乘着晚会的春风，春节联欢晚会的舞台也越搭越大。笔者有幸从1997年起担任央视春晚的主持工作。晚会现场层出不穷的环境变化时时对主持人提出新的要求，主持人也要在现场环境和自己的主持风格间寻求一个好的结合点和平衡点，从而可以在舞台上更好地发挥主持功能，呈现节日气氛。笔者一直坚持，不同规模的晚会现场要用不同的策略去应对：现场只有十几个人小晚会要像大晚会一样去主持，情绪饱满，调动现场激情；而几万现

图 2-3　现场只有十几个人的时候要像大晚会一样去主持。图为《艺术人生》2010—2011年节目录制现场。

场观众的大晚会则要像小晚会一样,娓娓道来,保留亲切感。

　　主持传播的对象除了现场观众之外,更多的是在收音机、电视机前的广大受众。因此,主持人在根据现场环境调整自己的主持状态时,不仅要考虑现场观众的感受,更要照顾到广大广播电视受众的感官体验。1998 年央视春晚的舞台从原来的一千平方米的大厅转到中央电视台一号大厅,不仅舞台的形状由原来的方形变成了圆形,面积上也比原来使用的演播大厅大了几乎一倍。在一千八百平方米的一号演播大厅里,可容纳的观众人数相较以往增加了数倍,舞台和观众席中间又隔了一排茶座,主持人与现场观众的空间距离变得更远了。彩排时,尽管现场导演没有强调要放大自己的声音,但在宽阔的现场环境中,出于本能几位主持人都不约而同地提高了音量。另外,与观众的物理位置上,各位主持人也尝试着改变的途径。主持的现场环境在物理空间上的扩大很自然地会拉开主持人与现场观

图 2-4　空间环境的变化向主持人提出新的要求。图为 1998 年央视春晚圆形舞台。

众的距离，这一距离的扩大导致了与现场观众的人际交流出现障碍，因此，笔者与各位主持人都安排了不同的出场方式、主持站位等，以解决相关问题。但是，毕竟晚会现场和电视机上所能呈现出来的现场环境并不是一比一的，电视机前的观众对现场环境没有实际的体验，因而不能百分百感知现场氛围。于是，所有主持人提高音量、增加表情和动作幅度的做法，会让电视机前的受众觉得央视春晚主持人和演员都不会好好说话了，怎么一下子都闹起来了？笔者后来也经常反思，从调动现场气氛的角度来说，自己的声调就比较正常，但是出现在电视上的只是晚会的局部，不明真相的观众肯定会奇怪，瞎嚷嚷什么呢？所以，为了达到一个平衡点，笔者也像音箱一样，在音域范围内来回寻找着最佳位置。因此，主持传播除了要考虑现场环境的因素外，一定要联系场外受众的感官体验，需要在现场环境和场外虚拟的传播环境找到好的结合点，从而最大限度地将现场气氛不失真地传达给场外的广大受众。

2. 时间环境

在主持传播现场微观环境中同样存在时间向度的标尺。对于不同的节目形态，主持人根据不同的时间环境要做出相应的调整。

通常情况下，直播节目对时间有着严格的要求，某些时候会对关键的时间点有特殊安排。虽然预先设置好环节，但是直播节目常常会出现一些现场突发状况，因而除了要事先做好应急预案外，更需要主持人拥有较强的对现场时间的把握和应变能力。2007年央视春晚零点前的"黑色三分钟"是典型的反面案例，但也反映了时间掌控的非凡难度以及直播节目的时间向度对主持传播提出的精准要求。笔者作为当晚主持人之一，在这场经历过后，对主持传播现场的时间因素的重要性和对主持人应有的对时间环境的敏感度、掌控度，有了更深的认识。由于当晚前面的语言类节目超时，导演组临时决定把一个零点之前的节目调到零点以后。于是，上一首歌曲结束后，距离零点报时还空出三分多钟，除去一段一分十秒长的固定台词，还多出将近两分钟的空隙。总导演金越把这个消息告诉我们六名主持人时，台上的歌曲已经进入尾声，所以留给主持人现场沟通、思考、商定的时间极少，在匆忙之中造成了现场人人想救场，最终却一片混乱的景象。经过这次失败经验的总结，在直播节目中，尤其是在以主持人群为主体的主持传播中，应先于直播前做好分工、指明责任，再出现类似情形，便由一人扛大梁，以免造成由时间环境的突然变换引发混乱无序的状况产生。

与直播节目相比，录播节目中的时间因素可能引起的情况不那么迫在眉睫，但是，录播节目中的时间环境也同样多多少少会对主持传播产生制约和影响。虽然录制过程可以反复或重录，录制过后的原片也会先经过多重剪辑才与受众见面，但是，主持人在录制过程中如果对时间把控不好，一是对后期剪辑提出更高的要求，二是最终呈现给受众的节目内容往往容易出现语句和思维断裂，出现交流场不连贯的现象，破坏了传播的连续性，从而降低传播效果。另外，录制现场如果有现场观众，主持人对时间环境把握不好则容易引起现场观众的不良情绪，不利于主持传播活动的进行，并影响到整个节目最后呈现出的气氛。因此，即使在录制的节目中，主持人也不应因为时间相对充裕而放松对把控时间环境能力的要求。重视并把握节目现场的时间环境，对主持人来说是一项重要的职业要求。

二、主持人与嘉宾

在许多主持传播活动中,嘉宾是节目构成中非常重要的一部分,主持人与嘉宾的互动程度往往决定了节目的精彩程度。从主持传播的环境来看,主持人与嘉宾的互动构成了微观的现场环境中更加具体的交流场——人际传播的环境构成了主持传播微观环境的重要一环。

所谓嘉宾,通常指受邀以各种方式在节目中参与信息传播过程的人,在节目中嘉宾拥有自主发言权和特定的展现时间,并有特别的识别性和媒介地位。纵观国内广播电视节目中出现的嘉宾,大约可分为如下几种类型:

1. 主角型嘉宾

节目围绕嘉宾而进行,主要目的是呈现嘉宾的生活、经历、观点等。主持人在此类节目中主要起引领作用,引导话题的展开。谈

图 2-5 《艺术人生》的嘉宾属于主角型嘉宾。

话节目中的嘉宾通常是典型的主角型嘉宾。在《艺术人生》、《杨澜访谈录》中的嘉宾都属于这一型。

2. 辅佐型嘉宾

此类嘉宾多是以辅佐性的姿态出现，在现场的作用多是提供佐证事实或相关专业观点，为节目增添权威性和深度性。新闻、评论类节目中经常出现辅佐型嘉宾——主干信息由场内主持人和场外记者提供，嘉宾多由事件现场目击者参与者、具有专业背景的学者及相关领域评论员等担任，主要职责是通过亲身经历补充事件经过事实、提供专业解释、深入分析前因后果等，为受众提供更多背景信息，以使节目信息更全面，更真实，更有权威性。

3. 选手／参与型嘉宾

这类形态的嘉宾常出现在娱乐节目中，既非节目主角，也无需承担更多的信息传递任务。他们出现在节目中，通常是构成整个节目环节编排的一部分，配合主持人完成相关内容，以活跃气氛、展现自身个性，同时提供娱乐性。

在有嘉宾的主持传播活动中，嘉宾是节目内容的重要构件之一，是主持传播得以完成的必不可少的因素。一期节目质量的好坏，取决于主持人与嘉宾的交流通畅程度和参与的深入程度。从历时性角度看，一个节目的整体嘉宾质量将在很大程度上影响节目的品质和在受众间的口碑，这又反过来会影响主持传播的实际效果。因此，作为主持传播中的重要一环，与嘉宾的"人际传播"技巧是主持人需要着重下工夫的。营造良好的"主持人—嘉宾"交流氛围和沟通环境是进行更广泛的大众传播的基础和前提。主持人与嘉宾不管在什么类型的节目中都应遵循平等交流的原则。主持人的功能是带动嘉宾的积极性，使其进入节目所需的交流情绪和状态。主持人的唯一角色是带动者，不是法官、判定者的角色。因此，任何节目形态的主持人都应尊重现场嘉宾的情感、立场和观点，可以做辩论，但不可妄下结论。

三、主持人与嘉宾的现场环境

1. 主持人与嘉宾的空间环境

在主持人与嘉宾的空间关系上，每一个有主持人和嘉宾共同出现的节目现场都存在一个更加微观的人际交谈环境，最终的目的是将主持人与嘉宾的互动传达给现场和场外的受众。因此，这种人际交谈的环境又必须考虑受众的观赏感受。曾经见过一档与电影有关的谈话节目，主持人和嘉宾面对面地坐在主场景的两边，在全景镜头中只看得到他们各自的侧面，并且主持人和嘉宾之间的距离很远，不仅造成节目录制现场主持人和嘉宾的交流障碍，而且受众观看时也会没有参与的感觉。这是一个很失败的现场安排。

在现场，主持人与嘉宾之间的空间环境会影响嘉宾的心态，而嘉宾心理层面对这个谈话方式喜欢或抵触，感到放松还是紧张，都会直接影响主持传播效果。作为主持传播的主体，主持人应当懂得把握与嘉宾谈话的空间场，主要依据节目形态、话题内容和其他各种不同情形而定的。在《艺术人生》、《鲁豫有约》等常规化的谈话类节目中，有科学安排的固定对话位置，同时兼顾主持人与嘉宾的人际交流，以及与现场观众互动和场外受众的视觉交流。

当然，这并不是一成不变的。当有一些特别的选题及现场环境发生变动的时候，主持人应及时做出调整。比如，《艺术人生》曾

图 2-6　常规化的谈话类节目中,有科学安排好的固定对话位置,以同时兼顾主持人与嘉宾的人际交流以及与现场观众互动和场外受众的视觉交流。图为《鲁豫有约》的录制现场。

经为北京奥运会的设计师们做了一期访谈节目,当天节目并没有采用平常的形式——主持人与嘉宾坐在舞台中央黑座椅上聊天,而是在采访礼仪服装设计师时,将对话地点转移到舞台下的一片空地,背景是模特展示的各系列奥运礼仪服装。当采访颁奖台的设计者时,节目组干脆将颁奖台直接置于舞台中央,主持人与嘉宾坐在颁奖台上进行对话、交流。由于设计者们对自己的设计付出心血,坐在颁奖台上聊天可以让他们更加富于激情地讲述设计过程中的酸甜苦辣,更好地传达给受众。这些安排都是在前期节目策划中设定好的,主持人有义务参与环节的设计中,搭建更有利的主持传播微观环境。

在另外一些时候,主持人与嘉宾并没有事先的话题预设,甚至嘉宾处在非正常状态下的时候,主持人需要依据当时嘉宾的状态对主持传播的言语策略和行为策略进行变更。2008 年"5·28 爱的奉献"

图 2-7　特别的选题和现场环境发生变动时，主持人应及时调整。图为 2008 年《艺术人生》在"设计·奥运"一期的现场。

赈灾晚会中，白岩松在舞台上采访四川灾区来的嘉宾蒋敏时，由于她整个人处在几近崩溃的状态，白岩松一直扶着她站在身边，支撑她完成访问；在话语策略上也十分注意不造成再度伤害。这种人际传播的空间距离是非常规的，但是，在特殊情况下，对"主持人—嘉宾"空间关系的临时变更，不仅照顾了嘉宾当时的状况和感受，支撑她，给予她力量，也以自身举动为广大受众传达了中华同胞同甘苦共患难的精神。可见，主持人与嘉宾之间空间环境的不同会造成交流的感觉不同，一点点小的改变或许可以达到意想不到的效果。

2. 主持人与嘉宾的时间环境

主持人与嘉宾面临的时间环境一般情形比较单一，主要是主持人需要依据嘉宾当下的状况以及各种现实因素来把握主持人与嘉宾交谈时间的多少，并在有限时间内得到足够关键和多量的信息。在直播节目中，一般是需要主持人在有限时间内引导相关嘉宾说出重点内容，在许多具有重大影响力的突发事件的直播报道中体现得尤为明显。许多现场目击者或专业领域的嘉宾对媒介内容的呈现方式没有具体的认知，容易说话找不到重点、逻辑思路不清晰，或者因为不了解受众心理而提供偏离重点的内容。此时，主持人需要有强烈的时间意识和内容意识，在第一时间把偏离的视角、观点等拉回到重点上来，以确保在有限的时间内引导嘉宾提供更多的有效信息。

在录制节目中，经常会出现的状况是嘉宾的时间与节目录制时间之间出现冲突。《艺术人生》在录制成龙一期节目时便遭遇了类似的情形。当天成龙本人的时间非常紧张，在北京总共停留不到三个小时，节目的访谈便只能限制在一个半小时之内。这就要求主持人在有限的时间里迅速对已定的谈话内容进行筛选和抉择，判断哪些是必须要谈的，哪些是可谈可不谈的，以高度的指向性引导嘉宾谈论节目所要展现的核心内容，并适当调整访谈顺序。可见，主持人与嘉宾之间的时间环境虽然看似简单，但是对主持人个人的专业素质以及自身对即将谈话内容的熟知程度是一场严峻的考验。一旦在时间环境上发生变化，主持人需要有紧急应变的能力。

总的来看，不同层级的时空环境为主持传播提供了从宏观到微观、从抽象到具体的背景和框架，也从一定程度上对主持传播的范围进行了约束和限制，主持传播行为需在这些环境框定的范围内进行才能保证传播的有效性和有益性。同时，主持传播所产生的社会效果反过来又对这些环境产生影响，小则拘于演播厅，大则广泛到社会环境的变革。由于主持传播所处的大众媒介平台本身巨大的社会影响力，也放大了主持传播主体的责任。主持传播就是在与传播环境的互动中彼此影响、彼此改变。

第三章　主持传播的对象——受众

传播过程中传、受双方缺其一者，都不构成传播。因而了解和把握主持传播的内容接收方——主持传播的对象亦是重要一环。当下，受众得到了大众传媒前所未有的重视。由于传播技术和媒体设备的迅猛发展,过去媒介资源缺乏时代"你播什么我看什么"的"媒体—受众"关系已经一去不复返，取而代之的是受众有相当的主动权，可以从丰富的频道中选择个人所需的节目。怎么获得受众、保留受众并扩张受众群，成了所有媒体、所有节目的头等大事。实务界和理论界在这一点上全然没有脱节，纵观受众研究理论领域的发展，研究者的关注点经历了从信息来源主宰（source-dominated）理论过渡到受众中心（audience-centered）理论的过程。这种理论转变与受众在大众传播实践活动中地位、作用的变化相呼应。因此，媒体从业者也根据这一导向的转变不断修正大众传媒的信息组织与传播方式，以服务于广大受众。

从受众对主持传播的影响来看，不同的传播对象会导致传播内容、传播风格和传播方式的差异，主持人需重视传播对象的特点、喜好和接受能力，从而制定、调整主持传播的方略。在当下我国的媒体语境中，大众传媒上的传播者早已不是处在高高在上之位、自说自话，而是需要倾听大众意见、接触大众生活，才能真正为百姓服务，进而发挥媒体的社会功用。

第一节 受众的界定和类型

一、受众的概念

赵玉明、王福顺在《广播电视词典》中对"广播电视受众"做了如下定义和解释：广播电视受众是广播听众和电视观众的总称。受众是广播电视的服务对象。作为节目的接收者，受众总是从自己的需要、兴趣、价值观等出发，积极主动地寻求所需信息，有选择性地接触、注意、理解和记忆。在主持传播中，受众即是主持人传播的对象，是内容的接收者，也是主持传播策略制定过程中需要考虑的重要因素之一。

受众研究一直都是传播学研究中非常重要的一个领域，因为受众的感受、反应以及长期累积的行为转变等是直接评判一个媒体的品质、品格、效用的重要指标。英国学者丹尼斯·麦奎尔根据研究的不同目的和受众观的差异，在参考借鉴詹森和罗森格伦关于受众研究的五种分类基础上，总结了当今传播学界在受众研究领域的三种传统：结构性、行为性和社会文化性的受众研究。尽管本书无意对受众研究进行过多讲述和分析，但是笔者认为，麦奎尔的三种受众研究传统的总结正是从不同角度阐述了受众在社会大众传媒系统中的地位、作用和角色。

所谓结构性受众研究起源于媒介工业的需要，目的主要是为了获得有关受众规模、媒介接触、到达率等方面的量化信息，这些数据是媒介市场化和广告收入的参照，主要用于媒介产业实践。在结构性受众研究中，通常根据年龄、性别、种族、文化程度、经济收入状况等人口学意义的划分类别，将受众进行不同组群的归类。这些具化的信息在市场化运营的媒体中将对一个节目、频道，甚至媒体的广告构成和收入产生决定性的影响。

行为性受众研究则更多关注改进和强化媒介传播效果，"即通过考察受众外在的而非内在的表现，比如受众的媒介选择、使用、意见和态度等，来解释媒介的影响，预测受众的行为，为传播决策提供参考"，主要涉及传统传播理论对受众及相关问题的探讨，关注传播效果和传、受双方的互动。

社会文化性的受众研究包含的内容，较前两者更加广泛。广义上包括批判研究、文学批评、文化研究和接受分析；狭义上则主要指后者。这一研究系统抛弃了传播效果的"刺激—反应"模式，也不再遵从媒介文本或媒介讯息万能的观点，而认为受众具有主动性和选择性，受众的媒介使用是特定社会文化环境的一种反映，也是赋予文化产品和文化经验以意义的过程。[1]

有关三种受众研究传统的异同可参照下页表。[2] 由表可见，媒介受众在不同的逻辑和语境下的定义是有很大差别的，学界在学术传统上的差异反映在实务界也是受众在广告商、媒介行业经营者、实际的媒介传播者（主持人、记者、策划人等）眼中的不同作用和

---

[1] 关于受众研究三种传统的解释，主要参考中国传媒大学刘燕南教授为英国传播学家丹尼斯·麦奎尔《受众分析》一书中文版所写的译者前言。
[2] [英] 丹尼斯·麦奎尔：《受众分析》，刘燕南、李颖、杨振荣译，北京：中国人民大学出版社，2006年，第30页。

	结构性	行为性	社会文化性
主要目的	描述受众构成、统计数据,描述社会关系	解释并预测受众的选择、反应和效果	理解所接收内容的意义及其在语境中的意义
主要数据资料	社会人口统计数据,媒介及时间使用数据	动机、选择行为和反应	理解意义。关于社会和文化语境
主要方法	调查和统计分析	调查、实验、心理测试	民族志、定性方法

意义。诚然,主持传播者无需亲身做有关受众的研究,因为节目的受众研究会由相关专业部门或研究机构承担。但是,主持传播者一定要有受众意识,要通过专业机构所呈递的受众研究报告,对受众进行全面分析,总结受众构成、了解受众需求和接受模式,以调整自己主持传播活动的语言语态、表述方式和传播策略等。受众意识,其实就是媒体一切为了受众、以受众为核心的意识。[1] 强调受众意识即强调主持人在传播中要常思索"对谁说"的问题,简单地说就是"心中有受众"。

事实上,以上三种学术传统中对受众的思考角度,均有主持传播者需要借鉴的地方。为了使传播更有针对性、加强人际化主持传播的对象化特点,主持人需要对自身节目的目标受众和实际受众的人群构成有较为全面的概观。受众的社会属性构成(如性别、年龄、职业、受教育程度等)通常影响主持人的传播技巧策略,比如使用何种语言方式、行为方式、劝服方式等等,要合理定位受众、了解

---

[1] 李磊明:《受众意识刍议》,《当代电视》2003年第11期。

受众，这一角度就需关注结构性受众研究的相关内容。在主持传播中，明确了对象可以使表达更有针对性，更有对象感和亲切感，从而也保证了主持人和受众即使不在同一空间内依旧保有通常的交流感，发挥其大众传播中人际传播的优势特点。另外，从内容需求层面，主持人在反复的前馈和反馈过程中应剖析该受众群体的所想所需，才能有所侧重，以提供受众需要的信息，使受众的诉求与媒介所提供的信息之间满足对位。这种角度多参考行为性受众研究的思路。

第二章主持传播环境的探讨中曾提及"高、低语境"文化与主持传播的关系，落实到社会环境中的受众层面，语境对受众接收信息的接受程度、理解程度和记忆程度也是非常重要的因素。受众接收媒介信息的语境分为宏观语境和微观语境，从媒体可控的角度分为可控语境和不可控语境。主持人在主持传播之前要对受众所处的社会语境和现实语境有所感知和了解，方可知晓受众的接受心理，从而进行应对。

"受众意识"一方面要求媒体传播者们提供受众所需，另一方面要让受众满意。媒体传播者们一方面要有对受众需求的敏感度，另一方面要有满足受众甚至引导受众产生新需求的能力。这意味着"诉求—满足"机制并不一定是先有受众需求再有传播者对其需求的满足（这里传播者的行为是对受众需求的反应），媒介也有塑造和引导受众需求的能动性（这里受众的需求产生于媒体的长期引导）。就像美国苹果公司前首席执行官史蒂芬·乔布斯曾说过的："一件有创造性的工作，在很大程度上不是满足用户已有的需求，而是创造尚不存在的、用户自己尚未意识到的需求。"大众媒体一方面具有提供信息、提供娱乐的功能，另一方面具有社会引导、社会教化的功能。因此，传播者需要在"迎合满足"与"主动引导"受众需求间取得平衡，获得受众对媒体的依赖。

二、受众的作用与类型

传播者之所以要如此重视受众实则是由其至关重要的作用决定的。最最关键的，媒体只有依赖受众才能生存，获得支撑媒体运营的收入。受众作为大众传播过程中不可或缺的一环，任何媒介活动缺少受众则没有意义。对主持传播也一样，受众是主持传播得以进行的前提和基础，主持人和大众媒体只有依赖受众才能获得职业意义、发挥社会功能。任何一个试图进行传播活动的人，只有拥有受众时才能获得传播者的身份。传播者和受众是共存的一组身份。

在某种程度上说，受众手握主持传播的生死权，对主持人的小至主持技巧大至职业生涯都有非常重要的影响。主持人细微的举动和言论都可能引起不同程度或好或坏的受众反响，而一名不再获得受众青睐的主持人很难将自己的职业生涯继续下去。再者，受众有时在主持传播过程中会具备双重身份：在身为受众的同时又以传播者的身份参与到主持传播中去。这一点在有现场观众的电视节目或设有热线电话等互动环节的广播节目中经常出现。在这一情况下，受众与主持人的互动共同构成语言或非语言的信息，通过大众媒介平台传播向更广泛的受众。

事实上，在我国媒体环境中受众是经历了几十年与大众媒体的磨合才获得如此地位的。（西方发达国家的媒介受众也经历了地位逐渐提升的过程，只是在不同的国家对应的历史阶段不同。）陈虹在《节目主持人传播》一书中提及，中国媒介受众观念经历了由"对象期"过渡到"用户期"继而到"权利主体期"的三个阶段，也是由于受众观念的转变让大众媒介从业者开始了对受众的重视和研究。从微观上看,每位受众具有个人差异性,每个人因为不同的生理特征、心理特征以及社会属性对大众传媒产生不同的期待与需求。然而,主持人无法从微观视角研究受众,并且这类研究也不具备任何意义。只有站在宏观视角看,大众媒介的受众是在同一时间关注同一信息的巨大集合,尽管集合中的每个个体具有原子化、非人格化的特征,但是概括起来还是可以根据某些共通性将受众划分成不同的群体,从而以群体为单元有针对性地进行研究,满足其需求。

受众的类型划分可以有多种维度:从参与的自觉性情况看,可分为主动受众和被动受众;从对节目(或主持人)的忠诚程度看,可分为固定受众和流动受众;从关注程度看,可分为专注受众和伴随性受众;从受众思维方式看,可分为理性受众和感性受众;从受众参与传播情况看,可分为参与受众和旁观受众;等等。

不同类别的受众对一档节目的期待和需求都不同,但是,笔者认为以上这些类型的划分都是从受众的某些特点属性层面进行的,无法用其中任何一个来完整定义某一类受众。换句话说,这些划分方式都是描述性的,而勾画一个受众的完整形象需将不同属性层面的定义聚集到一起方才可以。就像一个"大""红""圆"苹果,三个定语分别是从大小、颜色、形状三个属性的描述,才能将这个苹果表述清楚。受众作为一个社会存在,涉及的属性层面复杂而多样,这种描述性的划分方式对促进传播者认识受众、了解受众从而调整传播策略,并无实质作用,因而不可取。

因此,为了方便地在主持传播研究中探讨不同类型受众,笔者倾向于使用丹尼斯·麦奎尔提出的"受—传关系"模式这一维度对受众进行划分,三种"受—传关系"模式分别对应了不同的信息传播模式：传递（transmission）模式、仪式（ritual）模式和注意（attention）模式。这一分法着眼于信息源与接受者之间的关系，并将受众按照各种不同的态度和目的进行划分。[1]

1. 作为目标的受众

在传播的传递模式中，传播过程被认为是一种持续进行的信号或讯息传递过程，其目的是控制或影响受众。受众作为信息的接收者，被视为是传播者有意图地传递意义的目的地和目标。因此，媒介在这一模式中常常以工具的角色出现。传递模式是广播电视媒体中最常见的传播模式，日常节目多属此类。在这类的节目中，传播者的活动通常有较强的目的性和意图，无论是传达信息还是提供娱乐，传播者都是希望此次传播行为会对受众产生一定的影响，传播者工作的改进都是以加强所希望达到的传播效果为目的的。

2. 作为参与者的受众

在传播的仪式模式中，传播常常被认为是一种共享与参与的过程，是在信息传送者与接收者之间不断增加共性，而不是按照传送者的目的来改变接收者。在詹姆斯·凯瑞看来，仪式传播模式的主要目的"不是为在空间上扩散讯息，而是为在时间上保持社会稳定；不是一种告知信息的活动，而是共同信念的表达"。由此可见，在仪式型传播中，受众被邀请参与到仪式中，来共同赋予该事件以神圣性，从而在社会群体中产生情感上和精神上的联系。

---

[1] [英]丹尼斯·麦奎尔：《受众分析》，刘燕南、李颖、杨振荣译，北京：中国人民大学出版社，2006年，第53—55页。

这里提到的作为参与者的受众，与从受众参与传播情况角度划分出来的参与受众和旁观受众，是两个不同的概念，尤其注意不能混淆。后者的"参与"是一种现实行为，指受众通过自身举动实际加入到了传播的行列中，承担了部分传播的任务。但是，前者的"参与"则是一个广泛而抽象的概念，更多的是指受众所收获到的一种"参与感"。比如，在2008年北京奥运会的开幕式上，绝大多数的受众都是在同一时间坐在电视机前"共同"收看开幕式的现场直播，虽然没有实质介入传播过程，但是，正是广大受众的"参与"才使得该事件富有神圣性和仪式性，使之成为一个全社会的庆典。这种"参与"不在个人层面而在社会层面，不强调空间统一而强调时间和精神的统一。两者是在不同的传播模式下提出的，切要注意区分。

3. 作为观看者的受众

这一受众类型出自如下的传播模式：传播者对传递的信息以及传播效果没有强制的关注，而是注重观众注意力的捕获；不在乎传播活动在社会或文化层面可能引起的效果，而只关注获得了多少受众，平白地说，即重视收视率收听率，在乎受众规模所带来的经济效应。因此，严格地说，这并不是一种真正意义上的传播模式，它已经跳出传、受双方互动环节而只关注获取的受众量。准确来讲，这是在媒介经营者、广告商眼中的"受—传关系"模式。所以，在主持传播中，主持人更应该关注前两种受众及其传播模式。

从"受—传关系"三种模式的角度对受众类型的划分，可以使传播者站在较高的层面上理解主持传播活动中可能面对的受众类型（在主持传播范畴内一般只讨论前两种类型）。一旦确立传播模式，即确立了传、受双方的角色和关系。传播者对这两种主要的受众类型有所认知、对不同类型中受众的诉求和满足方式有概括性的了解和区分，便可在不同情形下游刃有余地掌控主持传播。

三、受众的社会意义

跳出大众传播系统，人们会发现受众对于社会的作用和意义远超过对其的基本认识。鲍尔-罗克希与德福勒在1974年提出了一个大众传播效果出现的可能性的社会结构模式图。[1]（见下图）

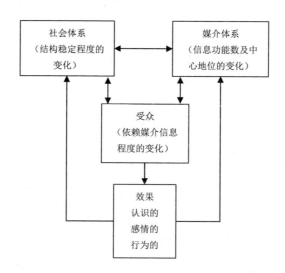

图 3-1　鲍尔-罗克希与德福勒的依赖模式：显示了社会、大众媒介、受众、效果之间的互相依赖关系。

这一模式清楚地描述了社会系统、媒介系统和受众之间相互影响与制约的关系，它着眼于宏观的社会结构条件和历史环境，而不

---

[1] [英]丹尼斯·麦奎尔、[瑞典]斯文·温德尔：《大众传播模式论》，祝建华、武伟译，上海：上海译文出版社，1997年，第88页。

是个体和个性变量。在现代社会里，受众成员依赖大众媒介信息源来了解和适应他们所处的社会。"依赖媒介的类型和程度将取决于若干结构条件，但其中最重要的条件，首先是与这个社会常遭到的变化、冲突、不稳定的程度有关，其次是与大众媒介形式许多独特的和主要的信息功能的程度有关。"[1]

大众媒介对受众产生的影响可导致社会体系和媒介体系本身的影响，而麦奎尔将三大变量之间的作用可导致的几种主要效果总结如下：（1）认识的：分歧的产生与消除；态度的形成；议题设置；人们信仰体系的扩充；价值阐明；（2）情感的：产生恐惧与担心；增加与减少信心（情感的疏远）；（3）行为的：使活动或使不活动；问题的形成与问题的解决；影响或者提供行动策略（例如政治示威）；引发利他主义的行为（例如捐赠钱财给慈善机构）。

不同受众群体对大众媒介的依赖程度有所区别。一般来说，社会精英群体可以通过其他个人渠道获得相关信息或处于媒介接触的顶端，他们对大众媒介的依赖较少，而社会中的绝大多数受众则主要依赖大众传媒来获得对社会现实和社会体制的认知。大众传播与受众的互动关系所可能产生的认识的、情感的和行为的效果，将对社会体系的稳定性产生重大影响。由这一模式，不仅可以看出以"受众"身份出现的大众在社会结构中的基础地位和可能带来的巨大变化，还可以看出大众媒体身担重任。

---

[1] ［英］丹尼斯·麦奎尔、［瑞典］斯文·温德尔：《大众传播模式论》，祝建华、武伟译，上海：上海译文出版社，1997年，第89页。

第二节 受众的心理

所谓受众心理,即指因大众媒介本身、所传播的讯息以及由之引发的其他刺激,直接或间接地在媒体受众头脑中主观能动的反应。受众心理是人们在社会生活中自发产生的,因而本质上是一种社会心理。在心理学上,社会心理包括群体中共同的心理现象和个人受群体影响而形成的心理现象。[1] 受众心理因之也分为受众个体心理和受众群体心理,两者共同作用对受众的观念行为产生影响。由于受众心理是把传播者的传播意图转化为受众行为的中介,传播者经过一系列传播实践后最终达成的效果很大程度上受到受众心理作用的影响。

一、受众个性心理

受众个体心理通常具有鲜明的个人特征,带有很大的自发性、随意性和可变性。不同的人在同一环境下接触同样信息时,有可能产生完全不同的内在反应。同样,受众个体在不同情况下面对同一传播行为,也可能产生完全不同的心理反应,从而导致不同的态度、行为产生,而这一过程中可能导致变化的变量来自许多层面。心理学界对人的心理现象构成有如下总结。[2](见下页图)

从图中可以看出,受众的心理活动分为心理过程、个性心理和心理状态三个方面。其中,心理状态的持续是或长期(如抑郁)或短期的(如疲劳),它构成了一个人面对外界事物时的基本心理准

---

[1] 刘京林:《新闻心理学概论》,北京:中国传媒大学出版社,2007年第4版,第233页。
[2] 同上,第54页。

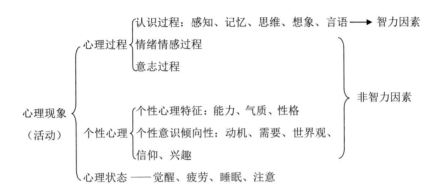

图 3-2　人的心理现象构成图。

备态势。人在不同的心理状态时会对同一传播行为产生不同的反应和情绪。这一部分一般情况下传播者是很难把握的，除非在具有特殊性的社会事件发生时，整个社会民众倾向于沉浸在某种心理状态下，比如 9·11 事件、5·12 汶川大地震等灾难性事件后，绝大多数受众的基本心理状态是悲伤的。传播者便需要依据社会心理状态把握自身传播方式。

个性心理是一个人长期以来形成的具有显著个人特征的心理现象，包括个人能力（也有心理学家认为"能力"应归属"智力因素"范畴）、气质、性格、兴趣、世界观等。个性心理一旦形成一般具有高度的稳定性，很难再发生根本性的变化。对于传播者来说，了解目标受众群体所普遍拥有的个性心理，是受众细分化时代满足特定受众群体需求的基本途径。

心理过程相较前两者，具有随意性，并受前两者的制约。是受众认知、感受外界事物的过程。心理过程受到信息本身、外界环境和其他许多层面因素的影响，具体到主持传播与受众的互动中便是主持人的表述方式、内容的难易程度（是否超过个人认知范围）、呈现方式（如对儿童来说图像比文字更容易理解）等等。受众的心理过程是在传、受双方互动中，传播者发挥作为空间最大的一部分，因而也是受众心理研究中最重要的一个分支。

站在受众需求角度来看，受众心理中的智力因素和非智力因素都会导致心理需求的产生——受众或者会产生认知的需要，或者会产生情感的需要，或者为了强化自身个性定位，或者为了调整心理状态而选择观看收听某些节目。当然，受众的心理现象贯穿于整个传播互动中，所有这些心理现象在实际中都是一个有机的不可分割的整体。

美国传播学者约瑟夫·克拉伯在《大众传播的效果》一书中提出了受众的三种选择性心理：选择性接受、选择性理解和选择性记忆。受众多多少少会因与传播者主观观念上的不重合而对传播内容产生理解偏差，差异的大小往往会影响受众对该内容的接收和记忆。因此，主持传播者必须充分考虑受众选择性心理所发挥的作用，对传播内容进行筛选、控制和引导，尽量减少甚至消除造成受众理解偏差的可能性，使信息编码尽可能清晰、准确，减少传播过程中的模糊性，以提高受众的接受度和理解度。

二、受众群体心理

在大众传播行为中，受众是以群体的形式存在的，因而把握受众群体心理的特点对大众传播来说更有意义。受众群体心理有两层意义。一是受众所处的社会群体中成员共同的心理特点。这一群体有不同的划分方法，比如年龄——儿童、青年、中年、老年；比如社会阶层——知识分子、工人、农民、学生等，在这一层面上，受众其实是根据个人心理现象（尤其是个性心理）的不同层面被同时划归到不同的群组中去。第二层意义是受众作为大众媒介消费群体的普遍共有的心理特点。前者是狭义的概念，后者是广义的概念。这里主要对后者进行探讨。

受众群体心理与大众心理有某些相似点，其特点如下：

1. 接受暗示的心理

指受众在无压力的情况下，会自然地接受隐藏在传播活动中的隐蔽信息和传播意图。这多要归功于接受暗示的心理机制。"暗示，乃是在无对抗条件下，用某种间接的方法对人们的心理和行为产生影响，从而使人们按照一定的方法去行动或接受一定的意见、思想。"[1] 受众在接收暗示时是没有心理防备的，因而往往暗示的内容会被受众自动接纳，传播效果常常要好于明示。这在新闻节目中体现得尤为明显。

2. 从众心理

这是一种比较普遍的社会心理现象。受众都是处在一定的社会群体环境中，当个体自觉或不自觉地受到来自群体的压力时，便会在意见判断和态度行为中选择趋向与大多数人保持一致，以减少自身的压力。传播学中著名的"沉默的螺旋"理论即指出了受众在大众传媒环境下的这种从众心理。

3. 逆反心理

受众的逆反心理是指当媒介呈现的内容同受众需要不相符或

---

[1] 时蓉华：《现代社会心理学》，上海：华东师范大学出版社，1989年，第433页。

媒介的表现方式与受众喜好相违背时，受众有意识地产生的与传播者意图相对立的情绪体验或行为倾向。许多因素可能导致受众的逆反心理，本书在第五章中将提到部分受众对所谓"主流"的逆反，即是由于大众传媒在传播主流观念、价值时的表达方式和传播手法不当所导致的。受众的逆反心理一旦产生，便会产生惰性，很难改变。一般来说，传播者可以利用受众"接受暗示的心理"，采用暗示性的传播手段，来减轻和抵消"逆反心理"的负面性。

第三节 受众的诉求与满足

在主持传播中主持人一般所面对的受众类型是作为目标的受众和作为参与者的受众这两大类。对应到具体主持传播情形中则一种是日常节目形态中的受众，一种是重大仪式类（非日常）节目形态中的受众。在这两种不同的节目形态中，不仅受众的身份类型不同，而且对节目本身的功能需求也不同，因而对主持传播则有不同的期待。主持人需要根据不同的情形对受众的诉求进行满足。

一、日常节目中受众的诉求与满足

日常节目是广播电视媒体主要的节目形态，频道通常按照安排好的节目顺序表进行有规律地播送。一般情况下，日常节目拥有固定的播出时间、时长、环节编排和主持人，节目风格通常在一段时间内也是贯穿始终保持稳定的。日常节目的内容通常有一定的主题性或话题限制，其传播目的也具有一定的统一性。偶尔遇到节庆或重大事件时，某些节目组会在日常节目的架构下推出"特别节目"，但是仍遵守该节目的一些基本特点，属于本书所讨论的日常节目范畴。

另外,对于突发新闻(Breaking News)的现场直播,虽然它的"插入"打破了原本的节目安排,使媒介进入非常规的播报状态,但是,从其节目形态上看,仍属日常的新闻节目形态范畴。同时,突发新闻具有很强的目的性,传播者希冀在事发的第一时间告知广大受众事发现场的相关情况,媒介本身则是传播者达到这一告知目的的工具,因此受众则是处在第一种"受—传关系"模式——传递模式状态下,作为目标的受众。在传递模式的受众身份下,受众是传播者传递信息的目的地,主持传播要想达到更好的传播效果,则需了解此类受众的需求和心理期待。在此,笔者将运用"使用与满足理论"进行详细分析。

使用与满足理论(the uses and gratifications approach)是由卡茨首次提出的。这一理论认为,受众是有着特定需求的个人,他们接触媒介的活动是基于特定的需求动机的,媒介的使用也是有目的性的,他们通过使用媒介而使自己的特定需求得到"满足"。卡茨和布卢姆勒在1974年完成的《大众媒介的使用:当前满足研究的视角》中提出了一个使用与满足的模式[1]:

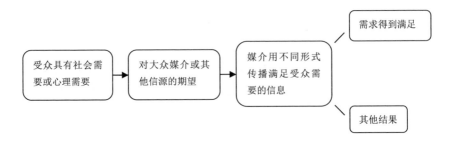

图3-3 卡茨、布卢姆勒的使用与满足模式。

---

[1] 段鹏:《传播学基础:历史、框架与外延》,北京:中国传媒大学出版社,2006年,第222页。

从这个模式中可以看到，受众的媒介行为始于各种各样的社会需要或心理需要，而大众媒介成为他们给予期望寻求满足需要的途径之一。如果媒介上有可以满足受众需要的信息，不仅受众的需要得到满足，而且将会促进未来受众与该媒介平台的互动。如果媒介没能提供满足，那么受众可能会选择其他平台，长期积累的效果则可能使得受众疏远该媒介平台。这样的流程和可能导致的结果使得传播者们不得不重视受众的心理和社会需求以及可能产生的相关影响。

卡茨、格里维奇和赫斯通过总结关于大众传播媒介的社会及心理功能的文献，选出了受众对大众媒介的35种需求，并将其分成五大类：(1)认识的需要（获得信息，知识和理解）；(2)情感的需要（情绪的、愉悦的、或美感的体验）；(3)个人整合的需要（加强可信度，信心，稳固性和身份地位）；(4)社会整合的需要（加强与家人、朋友等的接触）；(5)舒解压力的需要（逃避和转移注意力）。

认知的需要主要是受众智力因素发展的需要。受众期待通过关注大众媒体获得信息、知识以保证自己跟上社会信息更新的步伐。情感需要和舒解压力的需要主要对应的是大众传媒提供休闲娱乐的功能，使受众可通过大众媒介获得娱乐放松以及美的体验。个人整合的需要则是受众期待通过媒体行为反观自身，通过信息的获取建立社会信心、稳固社会地位。大众媒介在此提供了自我社会身份确认的重要途径。社会整合的需要主要是指受众与家人、朋友等接触交流的需要。有些时候，受众对媒介的需求并非出自自身主动的要求，而是为与身边其他人保持交流的统一性，满足自己社会整合的需求。受众或许对某一事件、某一节目并无兴趣，而当其社交圈内的人或全社会对此关注并常常聚集讨论时，受众个人会因社会交往的压力而强迫自己对相关媒介活动进行关注，从而满足个人的社会需要。总的来说，在卡茨等所总结的这五大类需要中，大众传播媒介是个人用以联系社会其他成员的工具，受众有着很强的主观能动性。

从这些受众需求来看，主持人在进行主持传播活动时可以通过多方面多层次为受众提供满足。在以传播知识信息为主的主持传播活动中，最重要的目的除了使受众获得清晰准确的信息本身之外，为强化传播效果，即要加强受众记忆。在主持传播技巧上，一方面要以受众易接受的口吻、语气、方式来进行传播，另一方面也需要把握目标受众群体的情感过程，使传、受双方的情感合拍，防止受众产生逆反心理，继而强化传播目的。

当然，使用与满足理论也有缺陷，在近些年的人类媒介发展实践中证实了其片面性。使用与满足理论有两个假定前提：一是受众清楚地知道自己的需要，二是受众知道如何使用媒介满足自己的需求。这一理论认定受众的媒介行为都是具有明确的目的性的，但是从日常媒介接触经验可知，受众许多时候在接触媒介时是无意的，并没有明确的期待或目的。大众传媒在满足受众需求时也没有那么万能。回到卡茨和布卢姆勒的使用与满足理论示意图中，大众传播媒介要与非媒介来源（如朋友交流、讲座情境、工作情境等）在满足受众需求方面产生竞争，而他们在不同的领域有各自的优势。往往那些与受众物理、心理、社会"距离"越远的信息，大众媒介带来的满足越有优势。

因此，在主持传播中，主持人不能一直跟着已有的受众需求后头走，而要有勇气走到受众前边去创造和引导受众需求，为受众带来更多选择、更多尝试的可能性。没有一个手机用户在"苹果"出现之前就知道他要这样一个手机,而是在它面世之后发现"我需要这样一款手机"。可供主持人创造发挥的空间非常广阔,大可尝试新的主持方式。另外,从主持传播的内容上,主持人应当有自身品味的坚持,引领受众走出目前选择匮乏、节目高度同质化的现状,通过高水平的创意和具有文化内涵的节目吸引受众,培养受众。

二、仪式类节目中受众的诉求与满足

在广播电视节目形态中,除了日常节目和突发新闻之外,还有一个重要的类别就是仪式类节目。这类节目中的传播模式就是前面提到的仪式模式,受众作为参与者受邀加入到仪式中去。仪式类节目通常是为一些特殊庆典、仪式等专门预留时间准备的直播节目,在这些节目中所呈现的即是"媒介事件"。

美国学者丹尼尔·戴扬和伊莱休·卡茨在《媒介事件》一书中引入仪式人类学的理论来阐释这一特殊的大众传播过程,并提出了"媒介事件"的概念。"媒介事件"是一种特殊的电视事件,在文化呈现出多元化的时代,在电影、电视、广播等媒介的栏目或节目被不同的受众群体所选择、分割而大众传播趋向"小众传播"的情况下,媒介事件却是对全体社会大众进行再度整合,吸引社会各类人群的注意力,对空间、时间以及对一国、数国乃至全世界的"征服",有着强烈的神圣性和仪式性,是"一种以团体或共同的身份把人们吸引到一起的神圣典礼"[1]。它们一般是经过提前策划、宣布和广告宣传的,大众是在特定的时间被"邀请"参与到这一"仪式事件"或"文化表演"中的。在媒介事件发生期间,日常的电视节目安排

---

[1] [美]詹姆斯·W.凯瑞:《作为文化的传播》,丁未译,北京:华夏出版社,2005年,第7页。

会遭到冲击、为其让路，大众也会刻意为它们预留出时间，聚集到现场或电视前，参与到媒介事件中。

虽然媒介事件的成分往往纷繁复杂，涉及的事件也种类繁多，但戴扬和卡茨把它们基本分为三大类："竞赛"（如奥运会、总统竞选）、"征服"（如人类登月或国家元首间具有挑战性的互访行为）和"加冕"（如皇室婚礼、授予仪式、颁奖典礼等）。有时一个媒介事件可以是两种甚至三种类型的综合体。在这一类仪式性事件的传播中，电视因其视听兼备又实时传播的特点因而具有明显的优势。可以说，媒介事件是电视媒体展现总体实力、主持人展现专业素养、驾驭能力和创造力的重要平台。

与日常状态下不同，受众参与的媒介事件不是自我的、私人化的活动，也没有什么明确的目的性。参与媒介事件本身意味着受众个体与社会广大群体的融合，是生活公共空间的扩展。由大型媒介事件所积聚起来的受众，表现出对国家重大事物和公共生活的参与意识。受众在仪式性节目的接收过程中，虽然也在细微层面有不同的偏好，对事件本身会产生不同的评论，但是，重要的是，他们在同一时间共同参与到这一事件中，从而成为仪式的一分子。

对中国人来说，最具传统、最典型也最熟知的媒介事件就是中央电视台每年的春节联欢晚会，央视春晚曾因同时受到十几亿人的观看而持有这一项的吉尼斯世界纪录。可见，在春节这一特殊节庆日子的支撑下，央视春晚成为聚集全国受众的一个媒介事件。与此同时，近些年来越来越多具有国际影响力的大型赛事和会展活动在我国举办，例如，北京奥运会、北京残奥会、上海世博会、广州亚运会等也是发生在中国的重要媒介事件。另外，一些大型的救灾活动晚会、"神七""神八""神九"载人航天飞船上天、全国两会等，

图 3-4 北京奥运会、北京残奥会、上海世博会、广州亚运会等都属于中国的重要媒介事件。

都属于媒介事件范畴。

既然作为参与者的受众在媒介事件中主要寻求的是一种参与感和社会归属感,而没有明确具体的目的,那么,仪式类节目的主持传播便应将受众的这项需求放在首位进行满足。从物理空间上来说,受众不可能真正参与到事件本身,那么,如何营造参与感和使受众感受到身处现场的真实感,则是主持传播者需要下工夫的地方。

仪式类节目除了前面提到的以直播的形式呈现外,还有一个重要的特点就是大众媒体通常会多点、多角度地同时报道该事件的进行。一个媒介事件通常并不局限于同一时空范围内,无论是英国皇室婚礼、北京奥运会盛大的开幕式,还是新中国六十周年庆祝大典,身处现场的观众只能接收到自己所处时空范围段落的信息,感受这一小部分的气氛,并且无意间成为这一媒介事件的现场"演员"之一。大众传媒则可以通过媒介手段的处理,为广大电视机前的受众提供基于不同视角、来自不同空间具有内在关系的信息,并可以在恰当的时间段切换到最有"戏份"、最有"看点"的镜头,以保证受众不错过任何一个重要环节。电视机前的广大受众会获得比现场受众更为全面、宏观、延续的现场情况信息——大众媒体使得受众成为事件全过程的见证者和参与者,而主持传播的重要作用即是贯穿大众媒体镜头切换并将整个事件串联成一个有逻辑而内容丰富的故事。

在仪式性的事件传播中,主持人主要分为两种形式:一是远离事件现场置身主演播厅或者是置身主会场的总主持,二是身处分会场的主持。(后一种形式有时也由出镜记者替代)在前一种形式中,主持传播的主要任务是为受众介绍事件的背景信息、把持大局、负责各个不同拍摄点的镜头转换。这些通常都是直播前准备好的具体环节安排。但是,直播过程中总会出现一些意料不到的惊喜或是突发状况,主持人就要有能力掌控大局,保证受众尽可能接收到有效的现场信息,为受众提供井然有序的描述事件的思路。对分会场的主持人来说,主要任务是为受众展示分会场的现场情况,带动受众进入现场情绪。主持人尽量为画面信息进行丰富、补充,往往在媒介事件中,对现场细节的展现会使受众获得更细致的、更具体的体验感受。

第四章 主持传播的策略

主持人的职业角色是"集社会性与人际性于一身的、具有亲和力的传播者"。主持人是媒体与受众的中介人物,既要体现媒体的意志,又要反映百姓的意愿。[1] 主持人仅仅凭借自己的"感觉"来进行主持传播是远远不够的,要达到既体现媒体意志又反映百姓意愿的效果,主持人需要有一定的策略来帮助自己在节目中进行更有效的传播。

本章将对主持人在主持传播中所应该具有的策略进行讨论,试图寻找到在主持传播遇到特定话题或特定场景中的一些行事原则。笔者将从语言传播策略、情感传播策略和文化传播策略三个部分进行阐述。

第一节 语言传播策略:规范与个性

语言传播是主持人在进行主持传播过程中最为基本的任务。主

---

[1] 吴郁,《当代广播电视播音主持》,上海:上海交通大学出版社,2008,第117页。

持人应该具备较好的驾驭有声语言的能力。作为信息的载体，语言在进行主持传播的过程中扮演着非常重要的角色。

一、规范化表达

谈到语言传播策略，最基本的就是规范。但是，现在这个策略已经遇到了现实的问题——一些电视节目主持人已经开始放弃规范的表达。出现这一现象的原因，除了一些主持人自身的条件约束之外，还有一部分是为了"赶时髦""有时尚感"。这种错误的理解导致主持人应该使用规范的普通话遭到了忽视。使用规范的语言应该是一个无论从国家层面、法理层面还是行业规范层面，都应该提倡的基本要求。

1. 语音规范

普通话是以北京语音为标准音、以北方话为基础方言、以典范的现代白话文著作为语法规范的现代汉民族的共同语。这是所有学习播音主持艺术的学生和从事播音主持工作的人员再熟悉不过的概念，也是每一位播音员主持人都需要去遵循的要求。主持人应该自觉训练自己的普通话能力，因为规范的普通话是一切有声语言创作的基础。

学院派主持人的共同点是都接受过正规的发声训练，包括声乐、发声位置等。作为一名主持人，规范语言、推广普通话责无旁贷，也是最根本的职业素质。现在人们所谓的"个性"，往往追求新、奇、怪，比如很多年轻的主持人热衷模仿港台腔，片面地强调了语言上的"求异"，却忽略了基本上的规范。就如老舍先生在 20 世纪 50 年代就提出的："语言的有力无力，决定于思想是否精辟，感情是否浓厚，字句的安排是否得当，而并不专靠一些土话给打气撑腰。"尽管他早先创作了那么多脍炙人口的京味小说，但到了创作后期，他作品中的"京味儿"不再那么浓郁了，而以人生的广度、阅历的厚度、思想的深度，力透纸背，代替语言的俏皮活泼，更具艺术性和思想性。[1]

所谓的"个性"往往是针对"共性"而言，产生于"共性"而高于"共性"。因此，笔者赞同学院派注重基础性技巧的训练，主持人首先应该具备最基本的素质。把舌头捋直了说话，再去寻求或展示个性。大着舌头发嗲的不叫"个性"，那是"鸡立鹤群"。

2. 语言状态规范

"规范"的理解不能仅仅停留在字音的准确上，而忽略了语调、语言面貌的规范。规范是一个综合的概念，包括字音、语调、语言面貌、语法使用等等，不能将其拆分来看待。

"规范"要求主持人字正腔圆，尽可能地将每一个字音发准，但是，语言面貌必须是有温度的，能让观众感觉到情感的。现在很多播音员主持人，特别是新闻播音员，一味求字音规范，不出错，播报没有情感，冷冰冰，拒人于千里之外。在笔者看来，这也是一种不规范。相反地，过分强调语言面貌要积极、主持状态要亲切，做过了，就成了媚俗。语言状态的规范要求适度，要符合节目的需求，更要符合观众的审美。

3. 口语化表达规范

主持人的口语化是对日常生活语言进行筛选、加工、再制作后

---

[1] 陈虹：《节目主持人传播》，上海：复旦大学出版社，2007年，第171页。

所获得的成果，要求是准确、顺畅、健康。信口开河、浅薄无聊的言语是绝不应该在电视节目主持人的口中出现的。从艺术的角度来看，口语化用语在追求通俗化的同时容易造成语言的平庸化，因此，应该采用汲取书面语言的精粹口语。在坚持通俗平易、自由得体原则的前提下，向书面语借鉴一些严谨而文雅的词汇用语，使受众在思想上受益的同时，能够感受到语言美的魅力。

对于口语化表达，行业中常常存在这样几个误解：

（1）口语化表达就是将书面语言中的长句全部断成短句表达。

（2）口语化表达就是在书面语言中加入"啊""哦""了""呢"的口语词的表达。

（3）口语化表达就是自己想说什么就说什么，不用受书面语言的制约的表达。

这三种看法具有相当强的普遍性，很多播音员主持人对口语化表达的错误理解就导致了他们在口语化表达中的不规范。其实，口语化表达强调的点是将书面稿件中的"写字思维"转换为"说话思维"，换句话说，就是将书面上严谨逻辑链条用观众容易懂的简单逻辑表达出来。

现在的广播电视出现了"口语至上"的趋势。即一味侧重语言传播中的内容，而忽视传播的形式。中国传媒大学博士生导师张颂教授在《播音主持艺术论》中就对这一现象进行了批判：在注重"口语至上"的人们的心目中，只是把语言当做一个空壳，他们更强调思维……关键在于不应重思维而轻语言，把语言作为思维的附庸和侍从。新颖的思维方式、精确的思维过程、良好的思维状态、初衷的思维成果，在广播电视传播的各个环节都是需要的，而那表现的领域却不相同，管理、采访、编辑、策划、广告、科研……自有其特点，唯独语言传播中的有声语言创作主体，必须具备深厚的语言功力。[1] 这段话精辟地批判了现在一些播音员主持人轻语言的现象。

以笔者之见，对语言的驾驭应该是每一位播音员、主持人的看家本领，如果这个本领丧失，就会在广播电视行业失去自己的一席之地。所以，主持人应该在加强自己思维能力的同时，加强自己关于语言的训练。口语化不是轻语言的借口，而是要求主持人以更精确和平实的语言进行表达。

二、语言个性化表达

独具魅力个性化的语言是主持人节目的重要特征。主持人是节目的重要特征，其魅力在于全方位展示语言个性的独特风采。不同的主持人由于节目特点不同，自身的文化修养、性格气质、人生阅历的不同，而使得个人的语言风格也不尽相同。有的主持人语言豪放激荡，有的主持人语言潇洒风雅，有的主持人语言谦虚含蓄，还有的主持人语言轻松热烈。风格独具的个性化语言是主持人节目中一道多彩的风景线。

主持人不是一个工具，不是只负责播音或者问出编导已经写好的问题。如果主持人错误地将自己定位成为一个工具，那么，后果一定是他毫无不可替代性而言，找谁都可以把他换掉。"主持人"这一职业的名称的最后一个字是"人"，其实就指出了这一行的从业者在工作的时候一定是以一个有血有肉的"人"的状态出现的。既然是一个人，就一定有自己的特点，体现在语言上就是个性化表达的特点。

---

[1] 张颂：《播音主持艺术论》，北京：中国传媒大学出版社，2009年，第333页。

图 4-1　主持人的个性化表达常常和节目如影相随。例如，崔永元和《实话实说》、孟非和《非诚勿扰》、汪涵和《天天向上》等。

　　一名主持人的个性化表达常常和节目如影相随。例如，崔永元和《实话实说》、孟非和《非诚勿扰》、汪涵和《天天向上》、陈鲁豫和《鲁豫有约》等等。个性化表达鲜明且优秀的主持人常常会将节目深深地打下自己的烙印，用自己的个性去影响一个节目的个性，久而久之，这个主持人就代表了这个节目，而当主持人离开节目的时候，节目也没有办法再请其他的主持人接手了。这样的例子也不胜枚举：崔永元离开《实话实说》，王志离开《面对面》等。

　　主持人应该怎样才能做到个性化的表达呢？我认为有三点需要思考：一是确定自己是什么风格。一名主持人语言风格的形成与自身的方方面面有着直接的关系，出生环境、成长环境、成长经历、语言环境等，都影响着一个人的语言风格的形成。以笔者本人为例，我是在军队中长大的，而且经过较多的传统语言艺术的训练，所以我的声音洪亮、厚实，说话风格不轻飘，较为沉稳。在内容选择方面，我确实不太会选择较为恶搞和时尚的语料，整体偏正。不同的人的语言风格不尽相同，每个人都需要认真地去发掘与认识自己的语言风格是怎样的。

二是争取与别人"相同"。个性不是一味地追求不同，个性所指的"不同"一定是在一个广义的框架下来完成的。在追求自己的"与众不同"的时候，其实在某种程度上还要追求与别的主持人的"相同"。在学识的积累、语言的规范、应急的处理、大场合的经验方面，所有主持人都应该有一颗向高手求同的心，并使其成为"与众不同"的基础。

三是避免同质化，寻找"独特"的自己。在确定了前两点后，最后一点是最关键的一步。这里有一个很大的问题，一个主持人的优势只有自己知道。

既然是"个性化"，即是任何人都无法总结的一个主持人进行个性化表达的具体方法。但是，可以确定的是，在寻求异质化发展的过程中，有一些规律是需要共同遵循的：

（1）主持人的整体风格可多样化，但是，基调必须是健康的、向上的，能够为大众所接受的。

（2）主持人的个性化表达要鲜明，让观众能够在短时间内留下深刻印象。

（3）个性化表达要在一段较长的时间内才会形成一名主持人的风格，这要求主持人的个性化表达要有一定的稳定性。

（4）主持人的风格与节目的风格要统一，也就是说，主持人要根据节目来调整自己的风格。反之，一个节目在设定时，也一定要从形式流程、内容安排的方面根据主持人的风格而有所调整。

（5）主持人的风格与节目的风格在前期需要磨合的时间，主持人与节目之间存在互相依赖的关系，要在一段时间内形成，只有循序渐进，一名有鲜明特点的、打着主持人个性符号的节目才能出现。

三、艺术化表达

电视是真实世界的幻想和反映，主持人是以本人的名字形象出现在屏幕上的真人，观众对电视"真"的需求最大。但是，有些时候，节目需要情节和讲故事的方式来表述一种情感，主持人需要在真实的载体上加入艺术话的表达，即表达的故事化、情节化。于是，语言也要随之变化，不能再是生活中的大白话，而需要经过艺术化的处理。

前文曾提到笔者在《艺术人生》采访陈凯歌的处理。其间，陕西省延安市尹家沟的一位热心观众用特快专递寄来的一包"黄土"，将节目现场推向了高潮。这个例子同样也可以作为艺术化表达的例子。

朱军：我们还剩下最后一个片盒，应该说这本片盒是这几本片盒当中最重的，无论分量还是内容都是最重的，您猜猜看这里是什么？

陈凯歌：钱。

朱军：您觉得钱对您重要吗？

陈凯歌：开玩笑，钱当然重要了。认识到钱对我们这个国家和人民的重要性，是我们的一个进步。但是，除了钱还有别的，一定是这样的。

朱军：这里到底是什么？

陈凯歌：我想一定不是钱，很重的。

朱军：分量很重，真的是很重，你掂量一下。

陈凯歌：那就是人心了。

朱军：可以说是人心，是每一位喜爱中国电影、喜爱您的电影的观众的心。我们还是打开，就不要卖关子了。这是一个从陕西延安尹家沟寄来的特快专递，是新华书店的一位朋友，在内容一栏里写着两个字："黄土"。

陈凯歌：我非常感动，我真的非常非常感动。

朱军：我想这包黄土的寓意和他的期待，其实我们彼此都非常清楚了，希望您珍藏《黄土地》时候的激情。所以这期节目到这儿也应该画上一个比较圆满的句号了。再次感谢凯歌导演来到我们的演播现场，感谢现场所有观众光临我们的演播现场，再次感谢大家，谢谢。

陈凯歌：我们聊得真高兴。谢谢大家，非常感谢，这我得保存好。

通过这个例子来分析主持人在语言上的艺术化处理。

1. 制造悬念

作为主持人，其实事先就知道纸包里是什么，但是，主持人并没有直接将礼物转达，而是以悬念的形式开始。"犹抱琵琶半遮面"的效果一方面钩住了嘉宾的好奇心，另一方面又吊足了观众的胃口。更关键的是，在没有阐明礼物的过程中发生了一段精彩的对话。试想如果礼物一拿上来就开门见山地拆开礼物，接下来的富有哲理的对话就不可能存在了。

2. 引发思考

馈赠给陈凯歌导演一包黄土是观众一种深切的情感表达，这本身不是一个日常生活中的常态，在陈凯歌突然故意地提及"钱"的时候，对"钱"与"土"之间的差别做一个判断。陈凯歌导演深厚的人文修养和情怀在对钱的解读和对土的惊讶中得到了充分的表达，而主持人在其中起到的是不断引导的作用。除去事前可以策划的方面，主持人对钱的追问在平铺直叙的感人外加了一点理性的思考。

3. 强调感情

很多时候，主持人在节目中都是"明知故问"，比如笔者这个关于"钱"的追问就是明知故问。但是，在访谈节目中，明知故问的效果就是要让某些话语从嘉宾的口中说出，例如"认识到钱对我们这个国家的人民的重要性，是我们的一个进步，一定是一个进步"，这句话从陈凯歌的嘴中说出之后，不仅仅表达出了他犀利的看法，更是让观众了解到一个更全面的陈凯歌。可见，主持人在节目中不断地"明知故问"达到了强化感情的效果。

在节目的深度策划过程中，真实的故事和情节在导演事先的准备下已经获得了表达可能，主持人充当的就是在故事情节中最好的衬托和演绎，使故事情节之外的可能尽收眼底。因为受众对于主持人是有期待和信赖的心理的，是希望通过主持人的语言来满足某种心理需求的。节目主持人只有知识渊博、修养丰厚，才能在节目中"善解他人未解之意，善抒他人欲抒之情，善言他人欲言之语，善述他人未述之事"，才能意气方遒、挥洒自如，从而给受众心理慰藉。

第二节 情感传播策略：温暖与真诚

作为电视节目主持人，在节目的主持过程中一定要在情感上有所把握。因为主持人在情感上的呈现决定了一个节目的情感基调。

一、保持真诚与温暖

主持人在节目中的情感传播有两个最重要的元素：温暖与真诚。

主持人情感传播一方面是要真诚的。在《极端制作》这本以《艺术人生》作为研究对象的书的前言中，笔者曾写道："很多人问我在节目主持中到底有什么诀窍，我只能告诉他'真诚'。虽然真诚有时候实在是一个虚无缥缈的东西，但除此之外真不知能够说些什么。"这段话很明确地表达出了笔者的观点："真诚"是每一个节目主持人在主持的过程当中需要坚守的原则。

主持人情感传播一方面是要温暖。一档好的电视节目应该是有温度的。同样，一名好的主持人也需要温度。这种温度来自于情感，是主持人从心底发出的情感，贯穿在节目主持中，观众可以从中感受到主持人及节目的关怀。《艺术人生》的口号是："用艺术点亮生命，用情感温暖人心。"作为主持人，笔者一直将这句话作为坚守的圭臬，同样也希望广大的同行能够与我共勉。

《艺术人生》基本上在每年年末都会有一期以"温暖"命名的特别节目。在这期特别节目中，节目组会邀请嘉宾与主持人来一次"围炉谈话"，对一年的文化个体记忆进行总结与回忆，整个节目的现场充满着温暖的氛围。2011年,节目组邀请了白岩松和于丹作为嘉宾。在每年"温暖"节目都会作为开场曲的《今夜无人入眠》之后,笔者做出了那期节目的开场白:

> 谢谢,谢谢三位艺术家精彩的演唱,我们再次掌声送给他们,谢谢你们。真是在不知不觉中,这首经典的《今夜无人入眠》已经陪伴《艺术人生》走过了十一年,每当我听到这首旋律的时候,我总是感到特别特别的温暖,因为这首经典的旋律留下了我们对国家、对时代,对我们自己生活最美好的记忆。今天大家带着一年的辛苦,又一次来到《艺术人生》特别节目"温暖"的现场,跟我们一起围炉夜话。可以说,我们用我们自己的努力,也为这首经典的作品注

图4-2 《艺术人生》特别节目"温暖2011"邀请白岩松和于丹担任嘉宾。

入了新的注解。所以，在这里要再一次衷心地感谢我们三位歌唱家，给我们带来的这首经典的演唱，谢谢你们！

"温暖"特别节目已经成为了《艺术人生》的特色，节目组的初衷是希望在每年年末的时候都能在回忆的过程中盘点这一年的感动，给大家传递温暖。当然，"温暖"的温暖绝对不单单来源于笔者这个主持人，灯光、音效、嘉宾、现场观众都是温暖的制造者。但是，对于节目的主心骨，也就是主持人来说，温暖已经是一种习惯，它随时随地地根植在我的心中，也唯有这样，《艺术人生》才会温暖。

纵观现在的节目和节目主持人，就会发现现实并不乐观。现在有些节目和主持人并不具备或没有较好地掌握主持人的情感传播，观众感觉到的更多的是冰冷和虚假。究其原因如下：第一，部分节目唯收视率马首是瞻，什么收视率高就制造什么样的内容，导致一些节目出现了一些超越观众情感接受度的情形。相应的，这种类型节目的主持人为了满足所谓的收视需要而变得夸张、疑神疑鬼、颓废消极。这极大程度地影响了主持人的情感传播策略。第二，"温暖"和"真诚"是两个虚的概念，理解不难，但是主持人需要具体的方法将其执行到节目的主持传播中。很多主持人在概念的贯彻过程中出现了用力过猛或力度不到位的现象，造成一些节目主持人过度兴奋或过于冰冷，这对主持情感传播策略也是不利的。第三，主持人将自己在节目中的状态和日常生活中的状态太过绝对地区分开来，不敢在节目中展现出自己的真情感，导致观众总觉得主持人给自己裹了一层外衣，从而无法较好地完成主持情感传播。

二、平衡理性与感性

感性和理性是一对反义词，表达的是人在感情和态度上相反的倾向。对于不同电视节目类型的主持人来说，这两种态度是需要区分对待的。文艺节目主持人和新闻节目主持人就有着鲜明的区分。客观和理性是新闻节目播音员和主持人必须恪守的原则，新闻类节目需要中立的立场，因而此类型节目的主持人始终站在一个客观的角度去观察这件事物。通常，新闻类节目主持人会避免自己过于感性的判断，因为感性会干扰到新闻事件的客观呈现。需要强调的是，文艺节目主持人与新闻节目主持人不同，在节目的主持过程中，文艺节目主持人需要感性，要和受众，和嘉宾一起笑，感受他们的喜悦，也要和他们一起哭，分享他们的悲伤。

感性是笔者始终保持的一种状态，太过理性会阻碍文艺节目主持人对于现场情感的揣摩，从而无法将自己融入节目中，无法与嘉宾，与观众产生真实的情感共鸣。文艺节目的主持人最好是"性情中人"，他（或她）能极为敏感地捕捉现场的情感波动，从而更好地强化情感传播在节目中的执行。

值得注意的是，感性必须把握适度的原则。感性应该建立在理性的基础上，否则就会失去对事物谬误的判断和对于现场情况的准确把握，这将是极其危险的。绝不能将感性理解为将自己绝对真实的情感百分之百地暴露在节目之中。现在的一些主持人在节目中太过于强调"真性情"，导致节目现场出现火药味儿十足或者泪水泛滥等违反情感适度原则的现象，这些是不可取的。

什么是适度呢？这是一个比较难以把握的概念，在适度感性与过度感性之间并不存在清晰的界限可供参考。类似的事件常常也是大家讨论的焦点。例如，鲁豫在汶川地震救灾晚会上痛哭的这个事件，学界与观众就持有两种不同声音——学界普遍认为鲁豫当时的情感表露欠妥，一名职业化的主持人不应该在节目中如此直接地将自己的个人情绪带入节目中；一些观众则欣赏鲁豫的真实，他们认为主持人在节目中直接的情感表露不仅表达了主持人自己的真实情感，而且强化了节目的传播效果。

以己之见，主持人在节目中的感性还是需要一定控制的。这是一种控制的艺术。这不是要主持人将自己隔绝在真实情感之外，而是要求主持人在感受到无论多强烈的情感之后也能控制住自己的表现，不至于失态。这个观点包含两个层面：一方面，主持人需要控制自己的情绪，不能"抢戏"，笔者在节目中会尽力地控制住自己的情感。这是一个艰难的过程。吴郁教授在《谈话的魅力》书中写到《艺术人生》的时候举出了这个例子：有时候，朱军的情感又是不能发泄的，而只能留在心里。[1]在对歌唱家李双江的采访时，李双江多次提及他的母亲，因为已不在人世的母亲是李双江永远的精神支柱，而录制这期节目时，朱军的母亲离开人世还不到一百天，但是朱军努力地克制自己，李双江在节目中说了这样一句话："我今天真的感谢我们朱军兄弟陪我一起含着眼泪怀念我的母亲……"主持人不是节目中的主角，而是要辅助节目的主角去表达他们的观点，诉说他们的故事。只有当主持人能够做到辅助的时候，才能说这个主持人较好地完成了自己的工作。

另一方面，主持人需要控制现场的情绪，不能使节目始终处在某种极端的情绪当中，比如太过悲情或太过兴奋，主持人需要巧妙地调节现场的气氛，只有现场处于不同情绪的不断转换之中，节目

---

[1] 吴郁：《谈话的魅力》，北京：中国广播电视出版社，2007年，第48页。

才会真正地充满魅力。也正如吴郁教授对《艺术人生》的评价:"朱军十分懂得控制自己,很快就可以从那种情绪中跳出来,再通过两三个问题跳跃到与众人舒心谈笑的场面,通过语言,通过提问自如地调节现场的气氛。"[1]

三、协调观众与嘉宾

中国人民大学学者雷蔚真在《电视品牌的策划与创建》一书中,对主持人的职业化发表了的观点,笔者颇为认同:职业化的主持人应该是联系观众与嘉宾的纽带,具有为观众代言的作用。在主持人观念,主持人意识,主持人情感态度及方式手法上,主持人与嘉宾应该保持平和对等的交流状态,在平等交流中完成与嘉宾的互动。

在电视节目的构成结构中,主持人处在中间点的位置。具体解释就是主持人是一个中间的连接点,他连接着观众与节目。如此一来,主持人就会面临这样几个挑战:首先,他是否能将观众与节目粘连起来,用节目去吸引观众,将观众带入节目。其次,正如在前面章节提到的,主持人是让节目去引领观众,还是让节目去迎合观众。第三,主持人是否能让观众与节目产生某种程度上的默契,并且能让观众在节目中有所收获,这就显得十分重要了。

在情感传播的过程中,观众是一个非常重要的因素。因为是中间点,所以主持人一定要很好地"利用"观众这一边,让这一群关注节目的人成为自己的帮手。主持人和观众的关系有很多形式,可以是由上而下的灌输,可以是平等的交流,也可以是由下而上的取悦。不管形式如何,主持人都需要和观众之间形成互动。

---

[1] 吴郁:《谈话的魅力》,北京:中国广播电视出版社,2007年,第48页。

在节目的现场，感情传播通常会在三个场发生作用：主持人自身的感情、节目参与嘉宾的感情和观众的感情。主持人自身的感情是由主持人自身控制的，可控性最强，与此同时，主持人需要让观众的感情场和嘉宾的感情场发生某种程度的互动，以达到互相刺激、互相激励的效果。比如，在《艺术人生》的录制过程当中，笔者常常会去捕捉观众的情绪和氛围，以此来激励嘉宾的情绪，以达到使他们更加敞开心扉和更加舒适的效果。在王志文为嘉宾的这期节目的录制中，观众的作用就充分地显现出来。于是，根据现场的观众的情况，笔者做了一个特别的开场白：

> 亲爱的女士们大家好，头一次用这样的称呼，因为今天我们现场的观众非常特殊，一方面是有意安排，一方面是为了满足大家的要求，所以做了这样的安排。来到这，大家无疑是想见一个人，就是我们本期《艺术人生》的主人公王志文，有请。

在本期节目的录制现场，观众是清一色的女士，可见王志文在女性观众群体心目中的魅力。当时特别将"亲爱的女士们"这个称谓提出来也是为了强调这一点，以达到将现场气氛推向高潮的效果。"一方面有意安排，一方面是为了满足大家的要求"，这句话是为了表达节目组设置全部由女性观众组成的用意。以此烘托之后，王志文在女性朋友的尖叫声中出场，还没走到位子上，就用手捂住了脸，羞涩地给大家鞠躬致意。王志文的出场与节目组的预期达到一致：通过他的表情，就能立刻感受到利用观众的情绪将他的情绪推到了期待的高度。他上场之后，笔者就根据现场观众的情况抛出了前几

图4-3 《艺术人生》王志文这期节目中主持人充分调动现场观众的能动性。

个问题:

朱军:为什么要做这样的表情。

王志文:没有料到说来的都是异性的同胞。

朱军:你其实完全应该料得到。

王志文:刚才朱军说,我偷偷在那听着,女士们晚上好,我说先生们都去哪儿了。

朱军:只有我们的摄像师是男性,不好意思,忘了你们。你们和这么多漂亮的女士在一起,也像一朵花一样,看到这么多女性观众很开心吧?告诉你还有很多强烈要求要来,没来成的,没有办法,安排不了。先跟她们说点什么。

王志文:今天晚上能跟她们一起度过,我非常高兴,可以随便地聊聊天,大家都彼此聊一些关心的问题,咱们怎么样都成好吧。

前几轮提出的几个问题已充分地体现了这一阶段节目组的成果：采用有效的方式，让现场的女性观众与嘉宾王志文之间达成了某种默契。具体分析当时的方法，有如下几个关键的步骤：

其一，节目组没有事前告诉王志文现场观众全是女性，为的就是能给他一个惊喜。当他在现场说出"没有料到说来的都是异性的同胞"的时候，笔者在台上就能感受到惊喜极大程度上已消除了他的拘束，使他能够更快地进入节目。现场观众的情绪也轻松了很多。

其二，主持人说"你其实完全应该料得到"，表达出了主持人的观点，王志文在女性观众心目中的魅力所在，这样的赞许不会显得突兀，不但说出了观众的心声，而且消除了嘉宾与观众之间的陌生感。

其三，"看到这么多女性观众很开心吧？告诉你还有很多强烈要求要来，没来成的，没有办法，安排不了。先跟她们说点什么"这一问题，将王志文的对话群体首先定位在了喜欢他的观众身上，而不是传统意义上，嘉宾一上场就和主持人开始一对一的谈话模式。这可以让王志文在心理上感觉到现场节目的对话不仅仅是和主持人一个人的，更多的是和他所拥有的观众之间的交流。他的一句"今天晚上能跟她们一起度过，我非常高兴，可以随便聊聊天，大家彼此聊一些关心的问题，咱们怎么样都成好吧"，说明从节目一开始，就让王志文的状态得到了十足的放松。这期节目的录制效果也证明在一开场所进行的感情传播是非常有效的。

观众是主持传播的对象，同时，也应该把观众看做节目进行中可以推进节目进程的力量。在情感传播的过程中，主持人一定要达到录制现场的情绪的和谐——需要观众和主持人一起去完成。这个特点在访谈节目中尤其明显,从心理的角度来说,当嘉宾面前坐的是一群有强烈的获知欲而且耐心倾听的观众的时候,他的表达欲望会被极大地激发出来,节目的录制质量也有了保障。

第三节 文化传播策略:关怀与传承

一名优秀的主持人不但要有规范的语言和饱满的情感,还需具备人文的精神和情怀。在节目中,主持人要尊重和关怀一个个的人,同时,他还应该传承和发扬本民族的文化。

一、做到尊重与关怀

作为一名主持人,一定要学会去尊重。尊重不仅仅是鞠的那一躬,说的那一声谢谢,还有更深的含义:主持人可以从别的角度看到别人的痛苦或快乐,在节目中不要放大他的伤口,而将他的悲伤转化为正面的力量;放大他的快乐,让更多的人可以和他一起欢笑。从人文传播的角度出发,有一个关键的因素决定着主持人的传播效果:主持人在进行主持传播的时候一定要以人本价值作为最基础的标杆。也就是说,主持人要在节目中呈现出关怀的前提就是自身要具备关怀别人的精神。

在汶川地震发生后,一些媒体记者对灾区幸存者的提问引起了受众的不满。一些记者不顾幸存者失去亲人的痛苦,直截了当地提出了很多残忍的问题:"你家里死了多少人?""你现在的感受是什么?难过吗?""你家现在就只剩你一个人了,你将来怎么办?"这些类似的问题无情地伤害了受访者,也刺痛了电视机前的观众——令笔者开始思考媒体人的从业道德。

"主持人"这个称谓的最后一个字是"人"字：主持人首先是一个人，他是有感情的，有关怀的，同时也是有禁忌的。他必须在生活中就懂得关怀，也必须将这一关怀贯穿到节目中去。在汶川地震对幸存者的类似采访中并不涉及复杂的新闻从业伦理问题，记者首先需要做的就是尊重这些正在遭受苦难的人，给予他们最起码的尊重和关怀。

在这一点上，笔者进行了自己的尝试，即在汶川地震发生之后的赈灾晚会上作为主持人采访牺牲英雄的家属。当时非常于心不忍，但是，出于晚会的需要，又必须令这些家属再一次回忆痛苦的往事。面对"尊重"的重要性，基本上每次面对采访者的时候，前边一定要有这样的话：

> 非常抱歉，可能我接下来的问话会让您又一次地陷入痛苦之中，把您刚刚愈合的伤疤再一次地揭开，请您原谅，但是您的儿子，或者说您的女儿，您的孩子，他的这个所作所为，他的这种先进的事迹，值得我们每一个人去学习，所以想让更多的人了解他，您能不能给我说说您的儿子是个什么样的儿子。

个人认为，这种进入采访的方式比起当时许多饱受诟病的直接提问，更为妥当，也更具备人文精神。首先，主持人和记者要让受访者了解到他也能感受到失去亲人的痛苦。电视屏幕上出现的采访在本质上就是人与人之间的沟通，具备最基本的情感基础。只有当这样的基础成立的时候，沟通才能顺畅；也只有当尊重被表达之后，

图 4-4　2008 年"5·18 央视汶川地震赈灾晚会"上主持人朱军进行采访。

采访的质量才能得以保障。

其次,主持人或记者要告诉受访者采访的目的不是为了用伤疤催泪,而是为了传递感动与力量。失去亲人的痛苦是外人无法感受的,这也是很多受众认为对他们的采访是一种"扒开伤疤给人看"的残忍的原因。但是,从另外一个角度出发,主持人可以将类似的采访转化成为一种安慰,让他们知道如果亲人的故事能够通过电视这一媒体传播出去,让更多的人受到鼓励,让更多的人更加坚强。现场的灾民能够通过媒体团结到一起,成为一个共同体,更好地去抚平自己的创伤,去迎接未来的生活,让他们看到社会给予他们的尊重,给予他们儿子的尊重,会让父母感到心灵的安慰,这其实也是一次疗伤的过程。

前文曾提到一个叫做蒋敏的女警察在地震中失去了全部的家人,但是她仍工作在一线,甚至用自己的乳汁哺育别人的孩子。很多记者对蒋敏的境况不依不饶，不停地追问她死了多少家人，她孩子生前如何，她是否想念丈夫，等等。笔者认为，类似的提问没有业务水平，甚至是没有道德水平的。在汶川地震的救灾晚会上，白岩松一直紧紧地搂着蒋敏，感觉这位受重创的女孩身子都是飘着的，她需要保护，同时又是一个鼓励灾区人民坚强的榜样。

类似人物的采访常常让主持人感到为难，做采访有可能会让蒋敏再难过一次，不采访又失去了一个鼓励大家的榜样。个人认为，蒋敏这个事例非常简单，主持人只需要告诉观众最基本的信息："我身边的是四川绵阳的一个普通的公安民警，她叫蒋敏，在这一次汶川地震当中，蒋敏家里一共有11个人罹难，但是她依然坚守在自己的工作岗位上，当一个孩子张着大嘴哇哇待哺的时候，她毅然地把孩子抱了过来，用自己的奶水喂养孩子。"简单的表达或许是最恰当的处理方法，因为观众需要的是一种情绪和人文精神的鼓励，而不是那个凄惨的故事。于是，出于体谅，没有必要问她的孩子几岁；出于体谅，没有必要问她们家死的11个人都是谁；同样也是出于体谅，只需要传递一个信息：在天灾面前，蒋敏做的一切证明了她是一位令人敬佩的女人。通过蒋敏的故事，可以将力量传递给还在面对这场灾难所带来的痛苦的更多人，甚至每一名中国人，都应该坚强，灾难可以拖走生命，但永远不能夺走人们对于生活的信心与希望。

二、杜绝虚伪与失实

前面的章节曾提到，作为国家舞台上的主持人，我们肩负着传播民族精神、传播主旋律、传播人文精神的责任。人文传播要求电视节目主持人不但要看到国家、民族层面的大画面，同样要俯下身躯关注个人，关注人性中的脆弱、人性中的痛苦和人性中的渺小。人文传播同样要求主持人不要容忍虚伪，不要刻意夸大，不要无中生有。

但是，现实的问题是，现在的一些电视节目主持人将主旋律的精神狭义地理解为"只报喜，不报忧"或者"只说大，不说小"。当类似的误解发生的时候，很多主持人就会在节目中"言不由衷"，不敢还原人性最真实的一面，从而导致了很多节目对于嘉宾和采访对象的脸谱化。最典型的就是在一些英雄宣传晚会或专题节目中，主持人一味地强调英雄的伟大、付出和奉献，而很少关注到英雄内心可能存在的与凡人一样的脆弱与挣扎。如此一来，就会造成两个后果：一方面晚会中的嘉宾会害怕表现出自己的害怕、挣扎等负面情绪，为的就是让观众看到媒体想要塑造的"完美形象"；另一方面，观众无法从节目中看到一个立体的形象，而只能片面地看到英雄光彩耀人的一面。

更为糟糕的是，错误的思路"绑架"了一些主持人和受访者。他们为了"完美"而隐瞒了真实的想法，甚至传递了虚假的信息。结果与人文传播是相悖的。一名优秀的主持人应该在节目中尽可能地全面呈现人物，不仅要赞扬人物的伟大或贡献，而且要关注他们的内心世界。

关于这一点，在笔者的主持生涯中曾有一个典型的例子：我主持过一场英雄事迹宣传的晚会。晚会的主人公是几名大学生。他们组成人链去救一名落水少年，结果人链断裂，小孩没有救上来，还导致了一名大学生牺牲。我最初了解到这件事的时候，心中充满了质疑。首先，他们救人的方式违反科学常识；其次，将他们作为英雄事迹来宣传不是鼓励孩子们盲目见义勇为吗？再次，国家和大学生的家庭在他们身上花费了多少心血，才能将其培养成为有用之才，那么多的付出和草率的冒险而造成的牺牲一对比，个人认为，精神可以提倡，但做法不可取。反过来说，虽然做法欠妥，但精神是需要提倡的。"人人为我，我为人人"，是这个社会需要的。人与人之间相互的帮助，见义勇为，如果这个社会连这些精神都没有了的话，不是更可怕吗？那是多么冷漠的一个社会。

经过一番思考后，我决定用采访的形式来处理这一段内容，不用高声地赞扬，而是原原本本地还原当时的情况和孩子们真实的想法。彩排的时候，我问身边一小女孩："你把救人的事情告诉父母之后，你父母怎么说？"她说，她父母鼓励她这样做。根据我的经验判断她没有说实话，后来我们之间发生了这样的一段对话：

朱军：我不信，你给我说实话你父母怎么说的。

小女孩：这个下来说行不行？

朱军：我想现在就听到你真实的声音。

小女孩：父母很担心，甚至于批评我了，骂了我。

朱军：父母觉得你当时这样做对吗？

小女孩：也对也不对，对是对在他们对我的关心，不对是他们觉得我太莽撞了。

朱军：要我说呢，你父母说得都对。我也是为人父母，我知道你们长这么大多不容易。你们救人的精神值得我们每一个人学习，并且值得我们所有的人对你们抱以尊重尊敬，向你们致以敬意。但是，你们真的太莽撞了。现在如果再遇到这样的事，你还会救吗？

小女孩：还会去救，但是我不会再像这次这样那么冲动，至少我和我的同学们会保证我们的人链不再断裂。

很显然，受访的小女孩在说她父母鼓励她这样做的时候是说了谎的，这属于虚假的信息。但是，这并不能怪这个单纯的孩子，因为在那样的大场面之下，她肯定担心如果说出当时她父母批评了她的事实，大家一定会觉得她父母做得不对。但是，当人们从人性的角度出发去思考的时候就会发现，任何一对父母都肯定会把自己孩子的生命放在第一位，这一点无可厚非，更何况他们当时的做法欠妥。主持人在这个时候不应该再从宣传英雄的角度出发不断强调他们的勇敢或赞扬他们的付出，而是应该跳出那个光环，从更人性化的角度关怀到人这个个体，关怀到一个家庭的幸福，关怀到电视机前应该被正确引导的孩子和父母。试想如果整场晚会都充满了赞颂和褒奖，而没有警示鲁莽的年轻人和提醒那些视儿女为生命的父母的话，这样的英雄晚会又有什么意义呢？

从某个角度来解释的话，人文传播要求主持人在人物的挖掘中尽可能地保持多元性，这种多元保证了电视的真实。一个个的人能够以自己真实的，不加掩饰的面目出现在电视上，诉说他们心中真实的想法，而不用为迎合而去欺骗。

三、传播文化与精神

人文传播要求主持人要以平视的角度关怀个人，同时，也要求主持人能站在更高的地方，以更广的视野进行传播。对于很多中国的电视工作者来说，关于我国的民间文化的保护和发扬、我国文化的生态平衡的维持等话题，都是应该在电视广播中去呈现和讨论的。

在这一前提下，《艺术人生》做过许多尝试。例如，在中国的传统节日（如清明节、端午节）制作特别节目，讨论中国文化和民间习俗。在每年年末做盘点特辑，疏导人们年度的社会情感，严守导向阵地。另外，《艺术人生》在中国大型的文艺类比赛后做一些选手专场，让大家了解承载着民族文化的选手的比赛历程，等等。

《艺术人生》早在2006年时就录制了中央电视台青年歌手电视大奖赛（简称"青歌赛"）获奖歌手的专场。之所以会选择青歌赛，也是因为青歌赛较为集中地体现了中华民族在音乐领域所取得的文化成就，同时青歌赛吸引着很多受众去关注，达到了弘扬民族文化的效果。特别是第12届青歌赛创新地列入了原生态这一品种比赛类属，每场比赛均吸引了几千万观众的热情收视，整届比赛的观众规模达到46.2%（近6亿观众收看过该比赛），而且由于创新地开始原生态歌曲的比赛，为2006年的电视文化引入了一股清新风潮。著名歌唱家谷建芬曾说，民歌"可以医治我们浮躁的创伤"。原生态，成为一道亮丽的文化风景线和热门关键词，在百度等搜索网站，与原生态相关的词条就达793万。

原生态有两个卖点：一、它是较为原始的民间音乐文化；二、这个类别的演唱者通常是没有经过声乐训练的、来自边远地区的居民。根据上述特点，我们邀请了一些有故事的选手来到现场，分享他们的故事。当中，有一对来自贵州侗族大歌合唱队的侗族情侣，他们当时获得了铜奖。那期节目为他们设计的问题和环节如下：

［请出一对情侣］
1. 你们是一个寨子的吗？
2. 当时对方最吸引你的地方是什么？
3. 谁先表白的？

图 4-5 《艺术人生》青歌赛获奖歌手的专场。

4. 你们民族用什么方式表达？

［现场唱情歌］

这四个问题体现了主持传播的三个作用：首先，让观众通过普通的选手更加具体地了解到少数民族的风俗习惯，能够从细节中感受到民族文化的魅力；其次，通过这一对情侣，拉近民间艺术与观众之间的距离；最后，也是最重要的是，通过这一对来自贵州的侗族情侣的歌艺和情感的展示，极大地增强了观众对于民族文化的归属感和自豪感。

主持人在进行主持传播的过程中一定要谨记文化这一要素。例如，在《艺术人生》的主持中，"让艺术走近大众，让大众了解艺术"是主持人在进行主持传播中很重要的任务。主持人要在传播过程中尽力做到：树立流行榜样，展示当下崛起中的大国国民的心态和情感，做到"主旋律好看，多样化健康"。

第五章 主持传播与主流媒体

第一节 国内主持传播的实践探索

一、国内主持传播的发展历程

中国主持传播的发展历程大概可以分为三个阶段。虽然代际关系不是特别明显,但是,从主持人来源上大致可以看出:第一代的主持人是从舞台上来,是报幕员或语言类节目的演员;第二代主持人由记者、播音员等媒介从业者转化而成,由中国传媒大学(原北京广播学院)等专业院校培养;第三代主持人从各个行业转换而来,具有一定的专业知识和技能,是电视合作者与参与者。

从1981年元旦,中央人民广播电台徐曼女士主持的《空中之友》,我国真正开始有了自己的节目主持人。国内的主持人早期出自播音员,这是历史遗留下来的"现状"所决定的,同时受制于电台、电视台的内部机制,如采访、编辑、播音的高度分工乃至严格的三级审稿制度。另外,与媒体方面相关的高等学府已形成相应的"定向"培养的教学模式。不必讳言,这些学员不是出身于训练有素的记者,

图 5-1 新中国首位电视播音员沈力。

而是来自播音员,这种选拔机制和培养机制给主持人适应当下的传播环境带来先天不足。现在的主持人,最大的问题还是要摆脱和播音员的天然的联系。播音和主持显然是两个概念。20 世纪 80 年代的主持人带有浓厚的播音员色彩,比如沈力、宋世雄等老一辈非常有影响力的主持人身上,残留着很多广播节目主持人的印迹。解说时,他们注重对画面的同步重复,语言风格也倾向于诵读式,受众从他们的主持中获得补充信息的机会少,主持人在广播电视节目中不可或缺的地位还尚未体现。

然而,随着专业频道的开通以及整个社会时代的发展进步,一批专业化、半专业化主持人出现了。表现尤其突出的是在体育节目和经济节目中,这些主持人具有迥然不同的主持风格和个性化的表达方式。由于专业功底更加厚实、知识储备更加完善,再加上时代发展对个性的激发和鼓励，这批主持人将主持行业和整个广播电视事业带到了一个更富活力的新时代，他们更注重对电视画面以外的信息提供，充分考虑受众的所想所需，可以为观众欣赏节目做详尽的补充、说明和阐释，也培养了新时代媒体环境下的大量专业受众。与此同时，新闻节目主持也发生了巨大变化，如《新闻调查》、《东方时空》、《焦点访谈》等节目的主持人与20世纪80年代的新闻主持人相比，在主持风格上要生动得多，在意见表达上也积极大胆得多。相比单纯的播音员或节目"代言人"，这种新闻评论主持人可以使受众产生参与事件讨论和思考之感，也使得新闻于社会的意义变得更加立体而广泛。

专业化、半专业化一代主持人的出现为真正意义上的"主持传播"奠定了基础，媒体对主持人的要求再也不局限于播音员时代的表达技巧、外在形象等表象的衡量，而是扩张到了从内到外、从技巧到思维的全方位标准，使得从传播学的理论角度剖析主持人工作成为可能。

二、国内主持传播的类型划分

从传统意义上说，主持人可以分为以下类型。(1) 单一型：播音员改行，以主持人的口吻讲说；(2) 参与型：参与采、编、播、控，不起主导作用；(3) 主导型：采、编、播、控完全由其决定（大、中型节目）；(4) 独立型：所有工作由自己完成（小型节目）。

从主持形式上分，有报幕式的主持人，有串场式的主持人，有播报式的主持人，有操作式的主持人，有解说式的主持人，有组织式主持人，有访问式的主持人……这一划分主要在于主持人的思维方式，一类是背诵已经准备好的稿子，或看着提示器说出，或稍加变动说出，或边动边说；另一类则是在准备好思路的基础上即兴组织语言。前一种情况比较容易适应，后一种情况就要依靠一定的语言能力和知识基础。

从节目形式上分，有一般节目主持人，有演播室节目主持人，有综艺晚会主持人，有游戏节目主持人，有谈话节目主持人，有竞赛节目主持人……这一划分，主要在于主持人对于节目形式的理解和把握，更好地与栏目形式相协调。有的主持人长期专注于一种节目形式，也有的能够胜任好几种形式的节目。

从节目内容上进行划分，大体分为新闻类的主持人、经济类的主持人、文艺类的主持人、文化类的主持人、体育类的主持人、服务类的主持人、少儿类的主持人、学术类主持人……如果细分，每一大类下面还可以分若干小类别，特别是新闻类节目，涉及社会生活多个方面，如经济、法制、军事、教育、民生、人物等。这一划

图 5-2 从主持类型上看，笔者是综艺晚会主持人、娱乐节目主持人、谈话节目主持人的复合体。

分主要是依据主持人自身的知识结构、个人兴趣爱好和气质面貌。在交叉的坐标点上，寻找主持人的定位，就很容易了，在哪方面努力也十分清楚。

无论是何种分法，主持人是思维主导的表达者这一身份不可动摇。所以，主持人虽然也是社会公众人物，但是与影视明星的最大区别就在于他的角色就是自己，是时刻处在节目和观众交汇点上的沟通者。

就笔者本人的类型定位而言，如果从主持人的代际发展来看，其实是跨界了第一代和第三代的复合体。但是，从节目形式的层面上，我又是综艺晚会主持人、娱乐节目主持人、谈话节目主持人的复合体。

三、主持人节目的兴起为主持传播孕育土壤

中国电视在自20世纪90年代至21世纪初的发展历程中，运作的层次与载体不断升级。从客体形态来看，中国电视经历了从节目建设阶段到栏目建设阶段再到频道建设的阶段。在笔者进入电视圈的20世纪90年代初期，恰恰是电视栏目逐渐兴起并大量涌现的阶段。其中，电视谈话类栏目成为众多电视栏目非常耀眼的风景线，因为它契合了彼时的社会心理需求，并预示着更为平民化和具有亲和力的新的电视语态的出现。这种新电视语态的生成孕育了主持传播这一实践领域与学科分支。

谈话节目发源于美国，这种节目形式最早出现在美国的广播节目中，主持人在主持节目的时候不事先准备底稿，即兴发挥，脱口而出。成熟的广播脱口秀，今天仍然是最受听众欢迎的节目形式。电视被发明以后，谈话节目进入电视节目网，成为基本的电视节目

形式之一。脱口秀是美国电视节目的基本类型之一，是反映美国社会生活的一面镜子，大到国际紧张局势、经济危机、环境污染和生态破坏，小到个人的情感纠纷、心理障碍和生活困境，以及社会发展带来的生活方式、文化观念的剧烈变化，脱口秀节目都会通过直接、热烈的方式进行讨论。撇开商业性的因素不谈，美国电视谈话节目正是因为敢于触及所有严肃和敏感的问题，并且相当深入地切入问题的核心，才会在广大观众中引起强烈的反响。事实上，各式各样的美国电视谈话节目不论其格调高低，讨论的话题大体上都是相当严肃的，或者至少有一个严肃的背景。同时，美国的电视谈话节目又是以最不严肃的方式来处理这些话题，用嬉怒笑骂、嘻嘻哈哈的方式把主题中的严肃与沉重消解。这种极具后现代意味的话语方式作为沉重现实生活的一种润滑剂，对于生活紧张而单调又总是要面对太多严肃问题的普通大众，确实能够起到抚慰和放松的作用。

20世纪90年代，中国社会经历了一次前所未有的结构性调整，从经济制度改革到政府机构调整、企业改革，很多和人们的日常生活密切相关的方面都发生了意想不到的变化，尤其是经济体制改革导致了一些根本性的改变。寄生在过去的生活方式和分配制度上的人们为此付出了惨痛的代价，一切都要重新认识，一切都要重新定位。一方面是人们心理上的危机感加重，对未来、对周围的环境没有安全感；在寻找依赖的同时，又会把自己孤立起来，避免随时会出现的侵害。前者的结果就是在电视上实现对公共空间的认同，从别人的经验里确认自己对这个世界的认同；后者的结果则是邻里之间的接触减少，任何过去非正式的群体都变得飘忽不定（比如一个小区的住户之间），人和人之间的相互信任降低，而在那些正式群体中，把自己的真心藏起来的人也越来越多。另一方面是社会生活的压力加大。工人下岗，政府机关裁员，医疗制度、福利分房等对社会成员意义重大的措施也发生了变化。这个世界只有一个结果：一切都在变化中。要想在变化中保存、提升自己，就要不断的奋斗、挣扎。这一社会环境使受众更加依赖大众传媒，媒体在公众生活中的作用日益凸显。

1993年1月18日，上海东方电视台开播，国内最早的谈话节目——《东方直播室》播出了第一期节目。这是一档涉及社会、家庭、法律、经济、文化、历史等各方面的热点问题的谈话节目，采用了到目前为止国内知名的谈话节目无一敢于尝试的直播方式，将"谈话"这一电视节目形式从如火如荼的西方介绍到中国。1996年3月16日，中央电视台的《实话实说》首次亮相，引发了中国电视谈话类节目的热潮。《实话实说》以其平民化的视角、勇于说实话的胆识和主持人崔永元别具特色的幽默感而成为后来国内谈话节目的样本，同时也是电视观众记忆里的第一个全国知名的谈话节目。1998年，内地的电视观众通过凤凰卫视收看到台湾制作的电视谈话节目《非常男女》，以英俊漂亮的高素质男女嘉宾，生动活泼的对话形式，新鲜刺激、热烈搞笑的现场气氛一下子吸引了众多电视观众的眼光，随之而来的是节节攀升的收视率和广告收入。一时间，内地的同类节目蜂拥而上，此类节目一跃成为各电视台创收的"摇钱树"。1998年4月，完全体现个人风格的"脱口秀"栏目《锵锵三人行》开播，一名叫"窦文涛"的凤凰卫视主持人成名了。这个节目被国内评论界认为是最像西方的"脱口秀"的谈话节目。它最大限度地体现了"主持人的节目"这一关于脱口秀节目的描述。

如此，谈话节目在20世纪90年代的中国电视界掀起了声势浩大的浪潮，新颖的节目样式为电视荧屏带来一股清新的气息，引发

图 5-3 国内早期谈话类节目。

了电视人和观众们的热情参与。不管是一问一答式的电视采访，还是针锋相对、你来我往的平等对话，以及充满作秀因子的娱乐脱口秀表演，都真切地再现了从计划经济到商业时代的中国电视嬗变的鲜明特征。同时，谈话节目也是20世纪90年代中后期中国电视展示给观众的一个最大的噱头，它忽然从天而降，不由分说地占领了本来属于娱乐节目的"黄金时间"。从全国电视观众不分男女老幼一起收看《实话实说》，亲切地称崔永元为"小崔"，到《对话》让有为青年半夜不睡觉，在电视机旁守候和总裁、部长们的约会。崔永元成名了，窦文涛成名了，李静、戴军也成名了，连拍着情景喜剧的英达也跑来主持谈话节目。

主持人和嘉宾的谈话连同彼此敞开的心扉袒露在观众面前，一场场朋友式的聊天，没有雕琢，没有修饰，呈现在中国的电视屏幕上，影响着公众的思维，引领着社会的思潮。北京大学教授戴锦华在《重写红色经典》一文中把世纪末国人的"怀旧"情结进行了重重渲染：

> 90年代末，中国文化市场与舞台上突然涌动的红色怀旧潮，似乎为世纪之交的中国风景线，涂上了一抹暧昧而浑浊的暖色。无处停泊的文化怀旧之舟，终于找到一处"真实"的港湾。[1]

对社会文化氛围一贯敏感的媒体人很快纠集于此种情结，利用2000年10月中央电视台综艺频道（CCTV-3）改版的契机，《艺术人生》的最初创意就在央视文艺部策划人徐小帆和笔者"不要让人

---

[1] 戴锦华：《重写红色经典》，《大众传媒与现代文学》，北京：新世界出版社，2003年。

图 5-4 《艺术人生》2000 年在央视文艺部策划人徐小帆和笔者"不要让人生匆匆走过"的感慨中酝酿而成。

生匆匆走过"的感慨中酝酿而成。徐小帆曾经在接受一次采访时说："有过一定生活阅历的人，蓦然回首，都发现昨天走得太匆忙，有太多的经历值得反刍、咀嚼，有太多的情感值得梳理。一想这一个世纪就快过去了，很有一种特别珍惜的感觉，怎么那么快一个世纪就过去了，有点伤感。我是搞电视的，一个世纪过去了，突然间发现观众群开始变化，主要观众群开始变化了，主要观众群变老了，你说话要很谨慎了。比方说原来肆无忌惮表达的话'高，实在是高，'这种语言很有效果，突然间周围的同事听不懂了，二十多岁的人不知道你说什么，那一次谈话，打击最大的是我跟一帮人谈老的电影明星，谈了半天，人家根本不知道我在说谁。哦，我就突然发现一个世纪过去了。"徐小帆的表述，笔者深有同感，作为60年代生人，《艺术人生》创办时我已经面临中年，正在寻找着可以寄托情怀的新的节目形态。无意间的一个感慨给了我们灵感，共同的生活感悟和对电视节目的思考给了我们创意，一档名为"艺术人生"的电视谈话类栏目应运而出。

从1993年进入中央电视台以来，笔者先后主持过《东西南北中》、《中国音乐电视》、《音乐直播厅》等栏目，但是，从没有一个栏目像《艺术人生》，从一开始就有了情感的介入和创意的加盟，在我的主持生涯中，它是具有真正意义的主持人节目，也是我做电视主持人最为受益的一档电视栏目。在当今中国主持人行业内，主持人参与节目的方式已经大为盛行，主持人节目的发展和成熟使得中国主持人摆脱此前传声筒的角色，真正以具有个人生活经验和思维方式的个体加入到电视作品创作和大众传播的进程。这一现状从真正意义上使主持传播独立为一门研究分支成为可能。

第二节 主流媒体的基本职能和使命

一、"主流媒体"的界定和特征

如今的时代是追求个性、多元和不同的时代。无论是媒体呈现出来的日常社会生活图景,还是普遍存在于学术界、实务界的求新求异趋势,无一不追求边缘、新奇,甚至怪异。这一普遍风气导致了一些民众,尤其是受亚文化熏陶的青年人对和所谓"主流"相关的事物产生一种本能的抵触和反感情绪,更有一些人喜欢用"非主流"的标签来定义自己,以示对"主流"的不屑和反抗。虽然近些年来中国经济迅速发展,人们的物质生活水平逐渐提高,但是精神文化层面的现代化进程和发展却比经济数字的增长艰难得多,需要更长期的实践探索,这导致了物质和精神层面发展的不对等,从而使全社会进入了信仰和精神的迷茫期。许多人一提到"主流",就认为是守旧刻板的、高高在上的、不接地气的、中规中矩的、缺乏创新求索的东西。这无疑是一个社会在转型过程中所产生的一种夹杂了许多其他因素的偏见。

所谓"主流",原指河流的干流,与"支流"相对。由原始意义可以看出,"主流"是一个"相对"而非"绝对"的概念,需要对比整体探讨语境或所处环境而定。"主流"的事物一般具有相对数量大(占总体的比例大)、影响力大、稳定性强、持久度高、具有时空上的连贯性等特点。河流可能随时有新支流的出现和旧支流的干涸。但是,干流,无论旱季还是雨季,或许流量有别,却都是该条河流的主要构成,为支流提供基础和供给,只要"主流"在,这条河流就在,如果"主流"消失了,那么也无所谓这条河流的存在了。

这便是"主流"的真实意义，其重要性对它在人类社会中的引申义也同样适用，而且作用和影响力比自然界还要大得多。无论是纵观宏观的人类生存史或各国历史，还是从时间的任何一个横断面来参看整个世界、一个国家、一个地区或者一个团体组织，都有其"主流"的成分存在。观照当下的国际形势，事实上任何一个国家，无论有什么样的政治体制、文化传统、种族构成或社会结构，都一定存在所谓"主流"人群、"主流"文化、"主流"生存方式和"主流"价值观。这是一个国家的内理和核心，是其区别于其他国家的关键所在；蕴含了一个民族所特有的精神价值和文化内涵，是一个社会得以长足发展的根本和基础。这些"主流"的元素聚集在一起，便构成了一个国家"软实力"的基础，"支流"元素在此基础上为软实力建设添砖加瓦。如何发挥主流能量以在国际社会获得影响力与话语权，就成为国家"巧实力"建设的一个重要议题。

所以，"主流"并不等同于陈腐呆板、缺乏创新。相反，只有赋予"主流"顽强的生命力才能保持一个国家的长期活力和竞争力。诚然，"主流"并不是一成不变，而是一直处在不断发展变化的进程中。转型期的中国正是人们重新审视、修正、摸索改造"主流"的时机。因此，一些人对"主流"偶现反感的情绪是正常的，却是短暂的。一个正常的社会要确保主流的健康成长，其他支流才会枝繁叶茂，才会有助于社会各个层面、各个领域的发展，使整个社会呈现出一派欣欣向荣的景象。

其实，当下的"主流"危机除了中国社会正处于转型期的缘故之外，还有一个重要原因，即长期以来有关"主流"的表达方式、呈现方法和宣传手段出了问题。而大众传媒，尤其是主流媒体在这一问题上难辞其咎。

大众传媒，是大众传播媒介的简称，即面向大众传播信息符号的物质实体或组织团体。纵观人类的发展，大众传媒进入平民百姓的生活算是近两个世纪才发生的事。19世纪30、40年代大众化报纸的兴起，为传播媒介彻底走出特权阶层进入大众领域奠定了基础；20世纪20、30年代以后，广播、电影、电视等电子媒介迅猛发展，标志了大众传播时代的真正来临，大众媒介也被赋予了前所未有的历史地位和社会使命。大众传媒一方面记录、呈现社会事件和日常生活，另一方面也深深地改变人类历史的发展轨迹、推进人类社会的发展进程。因此，它并不仅是一个客观的观察记录者，而且是社会的参与者、事件的创造者，甚至可能是变革的引发者。

显然，大众传媒的不同身份对社会的影响程度是不同的。这里用一个坐标图来展现，从观察记录者到变革引发者，这四种身份对社会的影响程度是依次递增的，媒体的主动性也随着这一身份层级依次递增。所有类型、所有层级的大众媒体都有可能具备以上四种身份，但是它们并不会平均地体现在媒体行为中，从这四种身份（或言作用）在一个媒体中出现的比率，可以分辨一个媒体的层级、品质。对社会的影响程度越大，代表了这种大众媒体在社会情境中的重要性越大，当然相应的要担任更大的社会责任。

图 5-5　大众传媒的四种身份影响社会的程度。

所谓的主流媒体便是处于媒体层级中最顶端,拥有最多社会资源、人才资源,掌握丰富信息来源、资本来源,拥有更多渠道可以参与社会变革进程,对人们社会生活影响最大的媒体。提到"主流媒体",大概了解当下中国媒体格局的所有人第一个想到的都是中央电视台。一方面是因为电视媒体相较其他媒体来说,在当下社会中是家庭生活重要的组成部分之一,对于大多数处在不同社会阶层的人群来说,电视是他们获取信息、享受娱乐的一个主要渠道甚至是最重要的渠道;另一方面由于中央电视台的国家电视台身份所代表的主流意识形态性和信息传播的权威性,是"中央"级媒体赋予它的基本使命和附加价值。同样,其他的中央级媒体如《人民日报》、中央人民广播电台、中国国际广播电台等国家媒体,也可以非常明确地被划归到主流媒体的范畴内。民众可以由媒介体验的经验大概指认出哪些大众媒体属于主流媒体,那么,从学术规范上,应该怎么划定"主流媒体"呢?

已有一些学者在"主流媒体"的定义上做出尝试和探索。浙江大学邵志择教授从西方媒体实践出发,对西方的主流媒体做了以下界定:依靠主流资本、面对主流受众,运用主流的表现方式体现主流观念和主流生活方式,在社会中享有较高的声誉的大众媒体。[1]这一定义从媒体的资金规模和来源、受众构成、媒介表达方式、所传播的内容以及社会声誉等几个角度对主流媒体做了界定。但是,"主流"概念非常模糊,依旧无法从这个定义中得到一个清晰的主流媒体概念。可以肯定的是,从一个系统的视角来看,主流媒体是与主流资本、主流受众、主流价值观、主流生活方式站在一个阵营

---

[1] 邵志择:《关于党报成为主流媒介的探讨》,《新闻记者》2002年第3期。

中的大众媒体。

复旦大学周胜林教授认为主流媒体的标志有以下三点：有较大的发行量或收视率、有较多的广告营业额、具有很大的影响力和权威性。[1]这一界定相对邵志择的总结而言，增加了一些可量化的衡量手段，虽然"较多"、"较大"是具有不确定性、表意相对的词汇，但在一个社会系统中，"较大的发行量或收视率"和"较多的广告营业额"是可以衡量比对的，具有实际的可操作性。另外，周教授对"很大影响力和权威性"的媒体标准也提出了几点参照，比如国内外重大事件不缺席，具有跨国视野，多原创、少引用和转载，媒介的行为会对社会决策者产生影响，影响地域范围大（多为全国性甚至国际性），以及通过读者的侧面反映，作为受众的大众想要获取信息或获得娱乐时的选择倾向。

中国人民大学喻国明教授则采用了不同的观察视角，他认为，由于传媒经济就是影响力经济，所以用吸聚受众的方式来划分，一般的大众媒体是以量取胜的，主流媒体则是以质取胜的。主流媒体吸引对社会最有影响力的受众，主要是有较高决策话语权、知识话语权和消费权的社会成员。喻国明从传媒经济的视角，从外部用媒体的受众构成来反观、定义主流媒体，这一理论视角是需要强大的受众调查能力做现实支撑，也就是说，不详细而准确地了解一个媒体的受众构成成分便很难确认它是否为主流媒体。从典型案例看，如英国的《太阳报》、台湾地区的《苹果日报》都是小报中的代表，二者的发行量在所在地区都遥遥领先，但是以喻国明的标准可以很清楚地断定它们不属于主流媒体，因为它们很难吸引社会精英，主

---

[1] 周胜林：《论主流媒体》，《新闻知识》2001年第12期。

要受众多处于社会中下层。尽管喻国明靠受众的量和质将主流媒体与一般大众媒体作以区分，但实际上，二者在通常情况下有着某种紧密联系。一般意义上而言，主流媒体的受众必定是数量众多的，甚至多于普通的大众媒体，在"量"多的基础上"质"优于普通媒体。所以，主流媒体在受众量和质的这个衡量标准体系下，是一种进阶式的评判。一般先满足受众的广泛和大量，继而靠受众的质优区别于其他一般大众媒体。

以上三位学者从普遍的主流媒体角度试图找到一个普世的定义。而新华社"舆论引导有效性和影响力研究"课题组则着眼于当下的中国国情，对主流媒体的判定作以研究，认为判断主流媒体有六条标准：(1) 具有党、政府和人民的喉舌功能，具有一般新闻媒体难以相比的权威地位和特殊影响，被国际社会、国内社会各界视为党、政府和广大人民群众意志、声音、主张的权威代表；(2) 体现并传播社会主流意识形态与主流价值观，在我国即是社会主义意识形态和与之相适应的价值观，坚持并引导社会发展主流和前进方向，具有较强影响力；(3) 具有较强公信力，报道和评论被社会大多数人群广泛关注并引以为思想和行动的依据，较多地被国外媒体转载、引用、分析和评判；(4) 着力于报道国内外政治、经济、社会、文化等领域的重要动向，是历史发展主要脉络的记录者；(5) 基本受众是社会各阶层的代表人群；(6) 具有较大发行量或较高收听、收视率。影响较广泛受众群。

根据新华社课题组的主流媒体基本要素标准，目前中国的主流媒体主要包括：以《人民日报》、新华社、中央电视台、中央人民广播电台、《求是》杂志、《光明日报》、《经济日报》为代表的中央新闻媒体；以各省（自治区、直辖市）党报电台和电视台的新闻综合频道为代表的区域性媒体;以各大中城市党报、电台和电视台的新闻综合频道为代表的城市媒体;以新华网、人民网等为代表的国家重点扶持的大型新闻网站。[1]这一界定偏向从大众媒介最重要、最原始的功用——提供新闻信息的视角,依据我国大众媒体的性质,对主流媒体进行考察。其原因一是由于新闻报道在媒介功用中的重要地位,二是因为此研究课题组的成员来自新华社,他们从自己的从业视角对我国主流媒体的本质作以挖掘。但是,只聚焦于新闻层面不免有些局限,忽略了大众媒体其他方面为"主流"所做的贡献。

纵观以上几位学者的总结,笔者认为简单地说,国内的主流媒体是掌握大量媒介运营资本和广告收入,面向全国各个层面的广泛受众传达主流价值观和主流生活方式,对社会决策具有影响力,具有较强公信力和权威性,有能力在全国范围内为其他一般大众媒体和普通公众设置议程的报纸、广播、电视、网络等大众媒体做表率。主流媒体对其所在的国家社会有着其他媒体所无法比拟的平台、资源、专业化程度、受众规模和品牌影响力。

综合来看,我国主流媒体主要有以下几点特征:(1)从运营层面,社会资本、专业设备和专业人员的占有率高,抗风险能力强。通常形成规模较大的传媒集团。(2)拥有广泛的全国性受众群体,在受众间具有较高权威性和公信力。我国主流媒体是党、政府和人民的喉舌,受执政党的直接领导,是党和人民交流沟通的中介桥梁,因而具有广泛的社会资源和官方信息发布的优先权,具有一般大众传播媒体所不能比拟的权威性。同时,由于其自身的权威性和受众的广泛性,在民众间有较高的公信力。(3)具有与其所占有的资源相

---

[1] 胡瑛、陈力峰:《论主流媒体的评价标准》,《新闻传播》2009年第12期。

对等的社会责任及历史使命，有引导社会舆论、调节公众情绪的职责，弘扬符合我国社会主义事业发展的世界观、人生观和价值观，服务于当下建设和谐社会的总体目标和任务。传播和发扬社会主流价值观。主流媒体中的一切媒介活动和媒介形式都应该遵从于这一大的社会职责。

二、国内主流媒体的基本职能和使命

胡锦涛总书记在考察人民日报社时曾讲到，要把发展主流媒体作为战略重点、加大支持力度、扩大覆盖面和影响力。足见党和国家对主流媒体作为国家意志宣传工具的重视，也反应了主流媒体在中国社会中的重要地位和社会作用。然而，由于中国大众传媒事业在发展阶段上出现断层、拔节的现象，在产业化和市场化的过程中过度追求收听收视率、市场占有率、广告收入等利润化、数字化的商业指标，目前普遍出现了传播低俗化和泛娱乐化的倾向。这种现象从纸质媒体到网络电子媒体比比皆是，最为严重的是电视和新媒体行业。但是，这一趋势不仅无益于民众的心智成长和日常生活，甚至有损于国家软实力的长期发展。

基于当下的媒体环境，有学者为主流媒体提出了几项基本要求："提供优质信息，而不是粗鄙媚俗；传播事实真相，而不是夸张炒作；彰显主流价值，而不是割裂社会共识；倡导社会互信，而不是放大对立误解；引导社会舆论，而不是迎合偏激情绪。"[1] 这几条要求划出了主流媒体的职业底线：不能为了经济利益而一味利用大众求怪

---

[1] 范正伟：《主流媒体要发挥"稳压功能"——新媒体时代的舆论法则思考之一》，《人民日报》2012年2月27日第4版要闻版。

求异求刺激的好奇心理，吸引受众眼球。主流媒体应时刻铭记自己的职能与使命，方可在利益与责任间寻找到一个平衡点，从而发挥社会功用。其实，收视率和内容质量两者并不是相悖的，在《艺术人生——理想2005》一期节目中，杨澜就曾表示"如果我们没有平衡好收视和我们要做一个好节目的话，那只是因为我们的功底还不够，而不是其他"。所以，主流媒体不能以生存为借口忽视自身的社会使命，而应牢记自身职能寻求更好的手段将其实现。

在我国，主流媒体主要有以下几种职能与使命：

第一，主流媒体为全国受众提供国内外重大事件的权威信息，传播知识和主流文化。在受众遇到任何不确定的信息时，主流媒体应做到及时提供权威信息。当非主流媒体或网络媒体中出现没有事实根据的谣言时，主流媒体要做到不缺位，靠其权威性及时对事实进行澄清，规避谣言的产生和扩张所可能引起的不良社会反映，使受众有获知真相的通路。同时，主流媒体有对受众提供教育进行教化的功能，是大众学习知识和文化的一个公共平台。

第二，主流媒体是其他媒体的参照和标杆，有带头作用，因而需要积极、准确地设置议程、把握舆论方向。美国麻省理工学院教授乔姆斯基在《主流媒体何以成为主流》（What Makes Mainstream Media Mainstream）一文中曾提及，主流媒体又叫"议程设置媒体"（Agenda-setting Media）。这类媒体为社会设置着大的议题框架，而其他二、三流媒体都会受主流媒体所圈定的框架影响，并在其中筛选议题进行传播。因此，主流媒体是掌握一个国家全体受众注意力导向和舆论导向的舵手，决定一个社会在一段时期内所关注的社会议题。故而主流媒体的格调常常会对社会产生更深层面的影响。主流媒体应对自己的标杆作用和引领作用有充分的认知，同时要恰当地行使舆论监督的权利。国家广电总局在《关于切实加强和改进广播电视舆论监督工作的要求的通知》中指出,新闻媒体揭露问题要富于建设性,要站在党和人民的立场上,从改进工作、解决问题、扶正祛邪、激浊扬清、维护稳定、服务大局出发,密切配合党和政府的中心工作,向积极的方面引导,力求好的结果。这要求主流媒体明确立场和态度,服从大局、维护社会稳定。

第三,构建、强化大众的文化身份和民族认同。在全球化的时代环境下,文化身份对于个体、群体、民族和国家都有着非凡的重要意义,任何一个民族、国家中的民众都需要一个清晰可辨、具有某种共同点和内在联系的文化身份及文化认同,这是一个民族凝聚力、生命力的重要衡量指标,同时对个人来说也是其个体社会化和寻求身份归属感的重要一环。切利·巴克在《电视、全球化和文化身份》一书中阐明了自己的观点,他认为,电视是当下人们建构文化身份最常用的资源之一。各国的主流媒体无一例外地肩负着传播本民族文化的重任,各国政府更是大举利用大众传媒传播和宣传本民族的特色文化,以期建构本民族清晰的文化身份,并寻求"他者"的了解、理解与接受。

其实,不只是在全球化语境的今天,自大众传媒产生之日起就发挥着文化身份和民族认同的作用。早在电视媒体之前,纸媒的发端在民族身份上的构建甚至重新塑造、改变了近代人类社会的发展历史。在引起全球学界轰动的著作《想象的共同体:民族主义的起源与散布》一书中,作者班纳迪克·安德森对全球民族主义的产生、发展和流布做了细致的阐述,其中便认为印刷术的普及所带来的印刷资本主义的繁荣和报纸的诞生如何促进了民族的想象及民族身份的构建,从而导致了民族主义的产生,继而为日后世界格局的变革埋下伏笔。从彼时起，大众传媒便从不自觉地引发民族想象到自觉地构建、再现、传播、灌输民族身份认同。

转型中的中国出现了严重的文化身份认同危机，一方面媒介环境尤其是网络的开放，使得大众可以接触到除中国传统文化和价值体系之外的其他主流、非主流的思想观念和意识，这是目前全球各个国家共同面临的形势，呈现出文化多样性和相互融合的局面；另一方面，从社会物理层面上，社会流动性的增加使得许多人远离自己原本的成长居住地而流动到其他地区甚至其他国家。在此种情形下，尤其对于第一代流动人口来说，他们从感性和理性层面上已经与原本的文化和价值体系建立了不可割裂的联系，在一个完全不同风俗、不同文化构成的国度，他们需要通过一定的手段和途径不断寻找自己的文化身份从而确认民族归属感。所以，他们会经常利用大众传媒来维系自己的民族文化身份寻求文化认同，继而带着这些清晰又深刻的文化印记融入新的文化环境。以主流媒体为代表的大众传媒是构建、传播、维系民族文化身份、促进文化认同和民族凝聚力的重要组织机构和手段途径。在笔者自己的经验中，中央电视台每年的春节联欢晚会是全球华人达成文化身份共识的一个重要平台和途径，而《艺术人生》栏目在中文国际频道的安排播出，也为海外华人的文化回归建立起了记忆和现实上的感性联系。

第四，承担对外传播任务。与许多其他国家主流媒体不同，我国的主流媒体因特殊的国情，除了要对内引导教化、确立维护民族认同和文化身份之外，还担任着对外文化传播之职；除了要成为国内受众了解国内外形势的窗口，也要成为他国民众了解中国当下国情和历史文化的主要渠道之一。中国目前正处于复杂多变的国际形势中，又由于迅速崛起所带来的各方压力，中国的许多情况在国外媒体那里被有意无意地扭曲从而造成国际受众的误读。国内的主流媒体要加强自身的国际传播能力建设，在各种重大问题上言论不缺位、占有主动权，才可以为中国在国际社会的立足和发展营造良好的国际舆论环境，这一点在全球化的今天，对任何一个国家都是至关重要的。而对中国而言，主流媒体作为公共外交的重要手段之一，更是要义不容辞地承担起这一重大职责。

目前，我国的报纸、广播、电视媒体都已具备对外传播的硬件条件和渠道，如何借助和利用相关国际传播渠道做好国际传播工作，使得中国思想和传统文化得以在世界多元文化的冲撞、比拼中得到充分展现，并为更多他国民众认知、了解，甚至接受，这是主流媒体急需解决的难题。近年来，我国将公共外交视为全球化时代的国家战略工具，国内的主流媒体如果可以做到当他国民众需要了解中国事宜时，第一个想要找的是新华社、中央电视台等中国主流媒体的消息来源，而不是通过美国的媒体、英国的媒体或者日本的媒体作为传声筒来了解。那么，这一情况会使中国在国际社会中具有更大的自主权和主动性，主流媒体也才算是不辱国家使命完成对外传播任务。

三、主流媒体与主流价值观

主流媒体无论是对内还是对外传播，离不开的关键内容是中国的主流文化和主流价值观。主流文化有物质性的和非物质性的，相对来说都可通过一定方式呈现的。比如，最近非常火爆、深受广大受众好评的人文纪录片《舌尖上的中国》，就是典型的对中国传统饮食文化的描绘和对传统的忠实表达、对幅员辽阔物产丰富的中国的影像式呈现，更是唤起了海内外华人的情感共鸣。这些对主流文

图 5-6 纪录片《舌尖上的中国》对传统的忠实表达、对幅员辽阔物产丰富的中国的影像式呈现唤起了海内外华人的情感共鸣。

化实体的传播通常是具体的、传播者与接受者双方共知的,并且对具体文化的传播可获得即时的传播效果——受众认同或不认同、理解或不理解、接受或不接受该内容,甚至有时会引起即时的行为反应。据淘宝网统计显示,在《舌尖上的中国》播出时段,淘宝网的食品销售量激增,尤其是片中介绍到的食材,有的观众甚至一边看电视一边在网上搜索相关实物并下单购买。当然,文化也存在理解难易程度上的差别,但是,总体来说它是具体的,是有实物载体的,从大众媒介的表达和传播上也更好实现。

而主流价值观则不同，它是抽象、虚化又无形的，是看不到、捉不着的，是已经上升到哲学层面的观念。这一特殊名词又常常出现在公众的视域里，对主流媒体来说，无论对内还是对外，传播和弘扬我国的主流价值观是其融贯始终的使命。正像新华社"舆论引导有效性和影响力研究"课题组所言，我国的主流媒体必须"体现并传播社会主流意识形态与主流价值观，在我国即是社会主义意识形态和与之相适应的价值观"。但是，由于它的无形性和抽象性，如何传播以达成更好的社会效果成为一个重要的命题。在讨论主流媒体的传播者应如何传播主流价值观之前，应首先弄清楚我国当下的主流价值观具体是什么，才不至于南辕北辙、白费力气。

主流价值观的形成是一个漫长又复杂的社会历史过程，其中不可避免地受到了历史、政治、文化等社会诸多方面诸多层面的影响。总的来说，历史传统和时代精神构成一个社会的主流价值观。笔者认为，主流价值观简而言之必须"合法合情"，中国"与社会主义意识形态相适应"的主流价值观所要合的"法"即是社会主义法治思想，"情"即是中华文化传统中的伦理道德情操和各地的风土人情。一个社会的主流价值观一定是建立在具体的"合情合法"之上的。具体看当下中国的主流价值观，笔者认为有以下几个基本的出发点：

第一，爱国为民。这是我国主流价值观的底座，也是任何现代文明国家主流价值观的基底，它是有普遍适用性的，但在不同国家中它的具体内涵却有一定的差别。在我国，爱国是任何一个国家公民应有的基本情怀，具体到日常行为中则体现为尊重国家意志、遵从国家利益、保护国家尊严、维护国家形象。为民则是指国家有责任保护公民利益、维护公民权利、尊重民众意见、提高民众生活水平，以民众为重、爱民护民。同时公民也应彼此尊重、和谐共处，这不仅是一个现代文明国家的主流价值的基本要求，也符合中华五千年的传统政治观念和道德观念。

第二，积极健康。无论在什么样的社会背景条件下，积极健康的价值观对个人、民族和国家来说都是无比宝贵的财富。积极是在面对各种境遇时保持乐观向上的心态，这不仅有助于个人生命的完善，也有助于国家的长足发展，是促成民族凝聚力的必备要素。我国现在处于政治、经济、社会全面发展的时期，同时面临复杂的国际环境，倡导积极的价值观有助于保持国家长久的战斗力和生命力。那么，什么是健康的价值观呢？在一个社会文明里定义为健康的存在可能在另一个社会体系下便不符合当地的健康文明标准。比如，不同国家和地区对红灯区的社会态度和法律标准。因此，我国主流价值观中的健康一定是遵从于民族文化传统和社会道德观念的。

第三，遵法尚礼。法治是现代国家的标志之一，遵守法规是现代公民的行为准则和社会义务。我国在现代化的过程中"法"的概念发生了变化。费孝通先生在《乡土中国》一书中曾提出"法治"和"人治"的概念，以解释西方和中国在法律观念上的不同。在中国传统社会中的"法"与"情"是不可分割的，讲求"合情合理"的中国传统法律思想常把"情"放在首位。直到现在身处中国乡土社会中的平民百姓对法的概念许多仍停留在这种"人治"的思想中。我们应提倡符合现代法律思想、遵从社会主义法律的先进遵法观念，提高全社会的法律素养和遵法守法的意识。

另外，在接收西方现代法律思想的同时，也要注意继承中华民族"尚礼"的传统美德。礼是中国古代的社会典章制度和道德规范，中国自古以来被世人视为礼仪之邦，孔子主张"道之以德，齐之以礼",孟子把仁、义、礼、智作为基本的道德规范,而荀子则更是重视"礼"的社会作用并著下《礼论》。我国现在正处在传统和现代更替交融的时期,面对许多现实冲击,传统观念会起到化解矛盾冲突的作用。作为中华民族的优秀文化传统,我们也有责任和义务将"尚礼"传承下去。

第四,求索创新。创新力是当下社会情境和国际情境中个体、企业、组织、国家的核心竞争力之一,一个富有创新精神的民族是有活力、有求知欲和进取心的。求索创新的价值观会为整个社会带来蓬勃的生命力,也将破除阻碍社会发展的狭隘的社会观念和思维视角,提升社会容忍度。

具体说到主流媒体与主流价值观的关系,笔者认为可以简单地概括为:主流价值观引导主流媒体,主流媒体传播主流价值观。它们间的相互作用将促进彼此发生进一步的改变,一方面作为实体的主流媒体传播、发扬主流价值观,使主流价值更广泛地渗透到民众中去,从而为社会发展创造有利的思想、舆论环境;而另一方面,抽象的主流价值观引导、规范着主流媒体的传播行为,以保障主流媒体的正常运转和职能发挥。二者长期处于一个稳定的动态平衡状态。

正确引导社会道德观、价值观是大众媒体不可推卸的责任。长久以来,由于我国的政治体制和媒介性质,主流媒体是传播主流意识形态和主流价值观的主要工具。复杂的国际国内形势及新时代媒体格局的变化给主流价值观带来了强大的冲击,也使主流媒体在主流价值观传播上遭遇了前所未有的挑战。

随着信息传播技术的发展,时至今日我国已成为互联网大国,加上移动终端的迅速发展,自媒体时代已然降临,出现了多层级、多向度的传播渠道,也进入了人人都是传播者的时代。新媒体和自

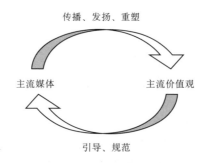

图 5-7 主流媒体与主流价值观相互作用示意图。

媒体的兴起加速了社会中的信息流动,丰富了公众表达,同时也使得信息碎片化、表达情绪化、交流非理智化的现象出现,这种影响慢慢地由网络媒体侵入电视媒体中,对电视的节目形态带来了深刻的改变。这一系列新变化对传统媒体提出了新的挑战和要求,主流媒体树立引导主流价值观的任务便更加艰巨。尼尔·波兹曼这个悲观的技术决定论者在《娱乐至死》一书中提到了电视媒体本身就决定了人类注定步向一个全民娱乐的时代,并对这种后果表示十分担忧。尽管他放大了技术的威慑力并忽视了人作为一个能动的个体在媒介使用中的可行改变,他的观点也应引起我们的注意。

尽管拉斯韦尔提出的媒介四功能之一便是提供娱乐,这也是媒介服务于受众的重要领域之一,但是,现在中国媒体对"娱乐"的强调走得太过了,对"娱乐"这个本是中性的词也把握不妥当,导致越来越多的观众"被娱乐",或者说是被打着"娱乐"旗号的电视节目所麻痹了。打开电视,在黄金时间段省级卫视的许多频道上充斥着具有高度类型同质化且缺乏个性缺乏创新的娱乐节目,节目水平参差不齐,节目当中经常出现许多为搏出位的怪异言论或行为——只为吸引观众眼球，争夺收视率，忽视了电视媒介本身的责任。在市场经济的大环境下，在"收视为王"观念的引导下，劣币驱逐良币带来的后果是，可供观众实际选择的范围着实寥寥。许多时候是节目制作方只顾经济利益却忘记了自己的社会职能。

不可否认，我们现在处于社会转型期，这是一个过渡时代，各种社会思潮迭起，意识形态领域难免会有乱象丛生的时候。然而，思想意识领域的繁荣并没有带来大众媒体的百家争鸣，却呈现出节目类型趋同的趋势。社会内唯经济论的整体氛围也入侵了媒体，从某些程度上说，唯经济论的社会环境也是媒体没有坚守传播正确的社会价值导向的一个后果。这仿佛是一个"先有鸡还是先有蛋"的问题，无从解答。毫无疑问的是，媒体此时必须及时觉醒，重新审视当下社会环境中自己的责任，并竭尽所能义不容辞地做好传播工作。

另外，我国社会开放程度和全球化程度的不断深化，在国际舞台上，各个大国开始较量文化软实力，而我国原有的传统主流价值体系受到世界多元的价值观的挑战，尤以西方为甚。从近些年的娱乐选秀节目可看出，中国普通的农民开始演绎欧美爵士乐、西方歌剧，选秀歌手选曲英文化的偏向的趋势加大。从这些表象上可以看到西方文化和西方价值观念在国民意识中的渗透。当然，我们不能保持着闭关自守的思想状态，相反要吸收西方先进的、积极的思想观念，但是，必须基于继承和发扬中华传统价值思想的前提下。如今许多西方人开始对中国古典哲学感兴趣，阅读孔孟思想，而作为中华文化的传承者，我们应有对自己民族的文化自觉，如费孝通先生语："各美其美，美人其美，美美与共，天下大同。"这是一幅美好的社会愿景，各国家、民族都发扬传承自己的美好文化传统同时学习他国优秀文化，各文化间互相学习、互相包容，达到天下大同的境界。

当代中国已经成为人类有史以来最多元的社会，东西方文明的激烈碰撞为这个大国带来了多股思潮，传统文化与主流价值观受到来自多方面的挑战，主流媒体需"在多元中立主导、在多样中谋共识"，抓住社会发展的主流趋势，对主流价值观进行传播和弘扬。大众媒体平台上的每一个细节都有可能对大众的价值取向产生影响，台前幕后的工作者应时时将使命放在心上，注意和检点自己在镜头、电波前的所可能引发社会影响的点滴行为。

第三节 主流价值观与主持传播

孙玉胜在他的《十年》一书里说，电视是主持人媒体。电视媒介的不断发展、信息呈现形式的不断更改、突破也证明了这一点。（甚至广播也如此，但广播展现形式较电视来说相对单一，主持人的发挥空间相对较小。）过去，主流媒体在进行主流价值观、主流文化传播时多采用机械、死板的播音形式或宣传片形式。但是，古板、缺乏生动性的方式已逐渐因不适应民众的心理需求和社会的发展而遭淘汰。事实上，过去的传播方式在时下的环境中使用只能产生适得其反的效果。在追求个性化的年代，主持传播在广播电视平台上的优势突显，不同主持人具有差异性的形象、个性、口头表达和肢体展现方式，可吸引并满足不同受众群体的喜好和需求，而电视媒体上出现越来越多的不同类型的主持人也增加了广大受众选择的可能性。每个主持人具有不同的角色定位和文化价值，甚至有些主持人已成为明星、符号，在荧幕前后都会因其个人魅力而产生广泛的社会影响。因此，说"电视是主持人媒体"着实是实至名归。

既然如此，鉴于主流媒体与主流价值观的相互作用关系，主流媒体中的主持人在大众媒介上的传播行为，也必将与主流价值观的展现和传播有着千丝万缕的联系。前文提到的我国主流媒体的职责和使命，自然也正是主流媒体中的主持人需要承担的责任。在主持传播层面，这些宏观的目标都具体化到可操作的层面，这对主持人个人的专业水平和职业素养提出了要求。具体地说，主持人不仅要掌握过硬的播音主持本领，更重要的是以服从国家与民众利益为宗旨，以彰显民族精神、时代精神为基本出发点，指导主持传播活动的策划和实施。

　　主持人是一份职业，但绝不止于职业而已。主持人首先是自然意义上的"人"，继而是专业领域的"主持"人。范曾先生曾告诫我们，做人要有"四心"：对祖国、对人民和父母，要有感激之心；对宇宙本体、人类文明和经典文化，要有敬畏之心；对社会上的弱势群体，要有恻隐之心；对民族曾经受过的耻辱，要有知耻之心。做主持人更要如此，因为主持人的这"四心"不只是对自己人生的要求，更是因为它们会通过大众媒介平台上个人的语言、肢体表达传递给电视机、广播前的千千万万受众，从而产生广泛的社会影响，尤其对国家舞台上的主持人来说更是如此。许多心理学家做过各种各样的实验，经过学术上的思考，总结了劝服艺术的许多技巧和手段。但是，在笔者看来，劝服别人接纳自己所传播内容的第一个前提，便是传播者自己要对此有足够的理解和信念，要深信不疑，才会于不自觉中给人以最真实的感染力，使受众产生共鸣，从而接受所传播的思想观念。如果传播者本人都不甚理解或毫不在意，那么，任何劝服技巧手段的使用都将无济于事。因此，主持人只有真正拥有以上"四心"，并使其内化为自己的本能，才能在从事主持传播活动时于自然间流露，真正打动和感染受众，甚至影响和改变受众。

有的人说主持类似于一种表演,但不同于演员表演的一点在于主持人的"展示"不只是个性,而是肩负传播文化、价值观的使命。表演中演员可以展现任何一个具有特殊性的人物,但是,主持活动中则必须展现符合主流价值观、主流审美观和主流思想的形象。演员、明星在进行印象管理时多是集中在个人形象上,其个人行为(在不涉及第三方的前提下)都只代表其本人而已。而对主持人来说,他的一言一行、一举一动都将通过大众媒介平台被无限次地放大,从而产生难以预料的社会影响。换言之,一点一滴的好可能带来许多正面效应,同时,一丝一毫的不当都可能带来难以估量的负面影响。所以,主持人的印象管理绝不止个人形象那么简单,而是牵扯到节目形象、媒体形象甚至国家形象。这也正是导致了微博等网络社交媒体兴盛以来,一些著名主持人不能随心所欲地像一般用户一样发表言论和观点,而需十分谨慎。有社会影响力的主持人即使不在电视媒体上表达个人观点,也常常被大众自然而然地与其所在媒体立场相联系,常常产生一些误解。由此可见,主持传播活动虽然只发生在特定的大众媒体上,但主持人的影响却远远渗入到该媒体平台之外的其他社交层面上。

在思想有了认识的基础上,主持人也要依靠传播技巧来达到预定的传播目标。在第一节中曾提到,一些民众对"主流"的东西抱有一些反感情绪,这其实与长久以来大众传媒上的传播方式和话语形态脱不了干系。由于历史发展的原因,我国的主流媒体上的主持人多以说教式、口号式的语态为主。由于近三十年来中国经济的迅猛发展,其他事业尤其是文化与意识形态的发展跟不上态势,导致还没有形成一套适应自己社会体系和文化传统的成熟的传播方式和话语体系。但是,中国的媒介从业者也一直在现有体制框架下尝试改变。从孙玉胜的《十年》一书中,可以看到中国电视黄金时期的发展轨迹和种种创新的实验。

2011年,为巩固和弘扬社会主义核心价值观,中宣部、中央外宣办、广电总局、新闻出版总署和中国记协五个部门联合推出"走基层、转作风、改文风"的活动,除了强调新闻工作要深入人民生活、体察人民需要、以群众为师、向群众学习之外,还有很重要的一项便是认清媒体服务对象,改进文风,让新闻生动鲜活、群众喜闻乐见。"走转改"活动虽是起自新闻部门,但对所有文化传播事业的相关工作有新的指导功用,因而逐步由新闻单位扩散到整个宣传思想文化单位中。中国的大众媒体亟须"改文风",以减少那些承袭了过去传统的那种空中楼阁不接地气高高在上的口气文风,同时也应纠正在摒弃口号式的传统过程中走向的另一个极端——庸俗、低级、过于随意的口语表达。

一、新闻节目主持与主流价值观

新闻节目是广播电视媒体中重要的组成部分,也是判断一个媒体社会影响力大小最主要衡量指标之一。新闻强调对客观现实的反映,呈现社会生活、揭露现实问题、引导社会舆论监督,从而促进社会的良性发展。在新闻类节目中,分为新闻和评论两部分,在准点新闻等节目中一般只涉及新闻报道,而在板块性、栏目性的节目中则涉及新闻评论,如《新闻周刊》等。前者追求新闻报道的及时性和简短性,后者追求新闻报道的深度和价值判断引导。主持人的角色在前者中为信息发布者,在后者中为信息解读者。

与其他节目形式不同,主持人在新闻节目中以传播既定内容信息为主要任务,形式相对单一,主要依靠口语表达。在新闻节目中

图 5-8 准点新闻等节目中一般涉及新闻报道。

图 5-9 新闻评论类节目主持人来说,更要有丰富的社会、政治、经济、历史知识储备,对新闻事件要有全局观,可以站在一定高度对其进行解读,从而达到一定思想深度并引领受众的舆论方向。

主持传播对主流价值观的传达通常是显形的。虽然新闻报道强调客观性原则，但事实上新闻信息本身实际是有价值判断的，新闻的呈现方式也是存在价值导向的，甚至在先期的新闻选择过程也就是报道什么不报道什么，都是有价值参照的。因此，新闻报道中绝对的客观性实际上是不存在的。之所以说新闻节目主持对价值观的传播一般处于显形层面，主要是指主流价值观一般通过语言符号传达出来，无论是直接的还是间接的，相较其他依靠多种符号进行传播的活动而言，它比较容易被受众捕捉到。而这一点在新闻评论类节目中更为突显。以信息解读者身份出现在媒体平台上的主持人面对受众进行事件评述、观点表达时，受众可以直接接收到主持人"个人"（实际上是代表栏目、代表媒体）的观点，主流价值观在评论节目中的体现相较新闻报道类节目更为直白。

基于新闻节目主持在主流价值观传达上的显性特征，这就要求新闻节目主持人自身有正确的思想导向和一定的思想高度，尤其是对新闻评论类节目主持人来说，更要有丰富的社会、政治、经济、历史知识储备，对新闻事件要有全局观，可以站在一定高度对其进行解读，从而达到一定思想深度并引领受众的舆论方向。

二、综艺娱乐节目主持与主流价值观

这里的综艺娱乐节目是一个广义的概念，指除以提供咨询、信息、观点为目的的新闻节目以外其他形态的节目。"综艺"，顾名思义，有两层含义，既是综合的艺术，又是把各种艺术形式综合起来的一个行为。一名优秀的综艺节目主持人，身上就要具备两种素质：综合多元的艺术涵养、综合艺术形式的能力，这对主持人本身的文化积淀提出了一定要求。"娱乐"更多的是从审美接受的角度讲：

让人喜欢、行为让人快乐。"娱乐"的出发点是好的，就是重视大众的想法，从观众的立场出发，制作他们喜欢的节目。但是，笔者一直认为，我们不能被"娱乐时代"四个字总揽了当代媒体文化的全局，媒体应有所坚守，不应为了观众一时的喜好而偏废。实际上，"综艺"和"娱乐"并不意味着"俗套、格调低、品位低"。它的意义其实是靠传播者定义的。

笔者非常赞赏湖南卫视节目主持人汪涵对"综艺"的看法，他尝试从古典精华汲取"六艺"来解读"综艺"节目：追求"诗"的优美和节律；"书"的深邃和博大，讲究节目里不可哗众取宠；与嘉宾需要有"礼"的克制与辞让；节目内容需要像"易"一样的变化与神秘；把握"乐"的律动和节奏；"春秋"的大义和分明，千万不可造次。有礼，有节，有所为，有所不为，追求节目的形式美（包括艺术欣赏价值和娱乐价值），注重人文关怀，坚守道德底线，并均具备一定的社会责任感。这种理解笔者是十分认同的，并认为应该成为所有中国做综艺娱乐节目从业者的规诫。

大众传媒对中国来说是一个舶来品，但是如要为中国社会所用、成为有效的社会沟通工具，媒介从业者们便有义务、有责任也必须将其本土化，从自己的文化传统来对大众传媒的表现方式和呈现内容进行重定义。所谓本土化就是"依据中国的特殊国情，立足中国的社会现实，按照中国电视媒体自身的运行规律，遵循中国电视观众的接受习惯与实际需要，组织、制作与传播具有中国特色、气派、风格、口味的电视节目"[1]。

电视媒介的"本土化"主要分为四个方面：电视节目内容的"本

---

[1] 胡智锋：《电视传播艺术学》，北京：北京大学出版社，2004年，第190页。

土化";电视"文化构成"的"本土化";电视审美品格的"本土化";电视"表述方式"的"本土化"。"本土化"主要的滋生土壤是综艺娱乐型节目。因为严肃新闻要求用客观的形式表达,并且新闻业已形成了一些国际性的行业标准。然而,综艺娱乐节目则不同,每个国家民族的文化传统不同直接意味着受众的娱乐方式不同。所以,在广播电视媒体上,综艺娱乐节目的限制更少、可自主发挥的空间更广,所以其本土化则更可能有所作为,有所创新。

综艺娱乐节目的这一特点为综艺娱乐节目主持人带来更大的自主性和个性发挥空间。另外,综艺娱乐节目主持中,一般涉及的内容较新闻节目来说较"软",涉及文化层面的东西更多。因此,其主流价值观的传播通常是隐性的,主要通过以下几种方式:

第一,综艺娱乐节目的定位和选题。这对应着电视节目内容和"文化构成"的"本土化"。综艺娱乐节目由于发挥空间大,反而会给制作者们带来选择上的困惑。纵观国内现在的主流电视平台,综艺娱乐节目的形式大多采用西方成功节目模式,要么高价购买外国电视节目制作版权,要么甚至也偶现盗版。很少出现自创的且具有我国文化风格的电视节目形态。至于节目选题这部分,在国内的电视制作环节中多为幕后编导和导演组完成。笔者认为,主持人应当参与到这一前期环节中,个人反对一些编导写好稿子、主持人只是在镜头前重述的做法,这也是不符合现代电视媒体当下的语态特征的。毕竟,主持人是最终电视节目的呈现者,参与自身节目的选题会使主持人更了解要传播的内容,传播手段使用起来更加得心应手,这一环节给主持传播本身奠定基础。在许多主持人核心制的成功经验中已证实,有思想性和文化底蕴的主持人会给整个节目带来不同气质,而这些也是靠主持人长期主动参与节目前期策划讨论积累而来的。

第二，综艺娱乐节目主持人的语言符号运用。语言符号是主持人进行主持传播活动中最重要的工具，传达大部分的信息，因而表达能力是衡量主持人业务水平的最重要标准之一。在综艺娱乐节目中，主持人的表达空间相较新闻节目要宽松许多。近些年来，综艺娱乐主持人在表达方式上尝试了许多新突破，英文表达、方言表达、网络词汇表达的比率上升，有的把握得当可使锦上添花，反之则有东施效颦之嫌。笔者认为，大众平台上的主持人首先还是要坚持言语的规范性和恰当性，这是主持人的职业守则之一，也保证了社会语言规范的正统性。这并不意味着主持人要以保守、老派的话语方式出现在综艺娱乐节目上，休闲也可以有"文化"性，娱乐也可以有"文化"性。轻松风趣的表达方式并不只是八卦的、庸俗的、博人一笑的，而可以是富于文化内涵的、耐人寻味的。

第三，综艺娱乐节目主持人的非语言符号运用。非语言符号的运用可以为综艺娱乐节目的主持传播添砖加瓦，运用得好则是画龙点睛，运用得糟便是画蛇添足。节目中，主持人的着装、发型、神态、动作都是隐性的信息，通过电视荧幕传达给受众。主持人作为媒体上的标志性符号，其打扮、行为会引来受众自觉或不自觉地效仿，因而主持人在根据不同的节目形态和内容搭配服装、妆容和发型时，要符合健康、积极的基本审美标准，尤其当节目面向特殊受众群体时，如尚未形成健全自我判断能力的儿童、青少年，要守住基本的职业底线，做到行为举止不怪异、不误导受众性别取向，等等。

第六章　突破自我：国家舞台上的创新传播

创新传播中的"创新"指的是什么？创新是一种既新颖又适当的创作。其中，"新颖"是指具有原创性而且不可预测的创作，这个概念属于创意的构想面。"适当"是指符合用途并且也结合目标所给予的限制，属于创意的执行面。

按照这一理解，对于主持人而言，要创新便是既要在想法上有所突破，打破在思想上的旧有的一些条条框框，又要在执行这些想法的时候有效地结合节目的实际处境，照顾观众的情绪。依照这一要求，反观现在的一些主持人的所谓创新时，就会发现存在两种问题：一是太过于注重"新"，而忽略了在执行层面的适当性，从而造成"不合时宜"；二是太过于注重执行方面的稳妥，而没有大胆地将"新"构想出来。这两个问题主持人在进行主持传播创新的过程中都需要给予重视。

在前几个章节中，笔者较为系统地分析了主持传播中的理论。本章中，笔者将在之前提到的理论框架的基础上，向大家介绍自己在实践中践行的创新传播。

第一节 访谈节目：用心沟通

随着访谈节目已经逐渐地成为中国电视荧屏上的主流节目，越来越多优秀的访谈节目开始用自身的魅力给观众带来精彩的内容。但是，访谈节目也不可避免地存在同质化的趋势。当许多的访谈节目开始千篇一律地进行创作的时候，受众的审美就已经达到一定程度的饱和。这个时候，在访谈节目的创作上进行创新就成为当务之急。与此同时，访谈节目所有环节中最重要的主持人也面临着非常巨大的压力。以笔者自己为例，访谈节目《艺术人生》从2000年开播以来已经走过了十三个年头。在整个过程当中，这个节目组都在不断地尝试改变，试图呈现给观众最新颖的观感，而笔者也在摸索中不断成长，渐渐地寻找到自己的一条访谈节目创新之道。

这一节将从访谈之前的准备、访谈之中的技巧、访谈之后的思考三个方面阐述笔者关于访谈节目传播创新的思路。这三个部分是按照访谈节目的录制的时间顺序划分出来的。笔者认为，访谈节目的录制绝对不是从摄像机打开的时候开始的，主持人需要全面地参与到节目的整个过程当中。也就是说，绝不能单纯地将访谈节目中的主持传播狭义地理解为主持人和嘉宾的对话。访谈节目中的主持传播涉及方方面面，而只有在各个方面都做好功课，主持人才能在访谈节目的传播中真正地做到创新。

一、访谈之前的准备

人们常说"功夫在诗外"。访谈节目的主持人能在节目录制过程中发挥怎样的水平很大程度上取决于之前做了多少准备。杨澜、柴静、陈鲁豫等优秀的主持人都表示过，访谈之前的准备在很大程度上决定了一个访谈是否成功。

笔者将从预知嘉宾和节目预制两方面阐释访谈开始之前的准备过程中的创新。

1. 预知嘉宾——"巧妙的新鲜感"

谈话节目的主持人是否应该提前与嘉宾进行交流，不同节目有不同的做法。带有新闻性质的谈话节目，如《实话实说》就强调现场的真实感和新鲜感，不会彩排。而文艺类谈话节目就不是如此，台湾地区的娱乐节目常常安排主持人与嘉宾在录像前有半个小时的互动，一是为了增加彼此的了解，原本不相识的两个人在谈话时间可能显得十分熟识；二是主持人与嘉宾会达成谈话内容的共识，甚至在事前先会问嘉宾"你希望我问你什么"。到底主持人在节目开始录制之前应该与嘉宾保持怎样的距离，他对于嘉宾的预知应该达到什么样的程度，这是关乎节目是否能顺利进行，是否能达到理想效果的关键因素。

(1) 不见面，但要了解。作为主持人和主编，在《艺术人生》每期节目准备期间，除了做好大量的案头工作，在录制节目前，笔者与嘉宾的关系处置采取了既保持新鲜度又要了解一些信息的做法。这种主动参与的方式，使我很早就介入了节目的创作层面。

具体来说，首先是选择在节目录制前与嘉宾不见面，保证了主持人与嘉宾之间的新鲜感。笔者反对一些访谈主持人在节目开播前与嘉宾排练好节目的内容，然后在节目中将这些内容"上演"出来，这不真实。主持人可以选择在录制前与嘉宾交流，增进感情，但不能完全安排好节目的内容，因为这会损伤节目的真实感。其次，主持人必须对嘉宾的生平、人生大段落的转折点等重要信息有明确的

图 6-1　主持人可以选择在录制前与嘉宾交流,增进感情,但不能完全安排好节目的内容。图为笔者与嘉宾张光北在录制前交流。

掌握。反对一些访谈节目主持人以"保持新鲜感"为借口,完全不做功课而对访谈对象一无所知。这样的做法既没有尊重访谈者,又是对节目不负责任的表现。

  除了大线条的预知之外,对于细节的把握有时也能起到很好的效果。当主持人用细节来提问的时候,嘉宾在惊讶之余也会更加认真地面对主持人的提问。在《艺术人生》采访陈凯歌的那期节目中,"牙膏"这个提前预知的细节就撬开了这位中国大导演的话匣。在这期节目之前,我通过做大量的功课得知陈凯歌当年去云南的时候,父亲给他带了几管超大的中华牙膏,当时并不明白为什么,只是坚定地认为这个点一定可以挖出故事。而我在现场的任务就是将一管牙膏放到他的面前,然后问:"这是你父亲当年让你带到云南去的,为什么是牙膏呢?"他非常惊讶,牙膏触动了他的情绪,故事就奔涌而出:一管牙膏能用半年,父亲给他六管,说明把这六管牙膏用

图 6-2　对细节的预知可以开启嘉宾的话匣子。图为《艺术人生》采访陈凯歌一期通过"牙膏"的细节挖出背后的故事。

完的时候人就该回来了,这是父亲的一份希望。牙膏是预知的信息,但这接下来的故事无论对我还是观众都是新鲜的,而且陈凯歌也从未在别的节目中说过。借着这管牙膏,我追问了他当年在云南的生活,他颇有感触地聊了很多,观众也从这个话题中了解了这位导演在那个时段的生活经历。

通过这个例子可以为嘉宾预制这个环节得出以下三个结论:一是"新鲜感"所带来的真实感让节目变得富有质感,这是真情的流露,而不是排练过的"演戏";二是预知的信息向嘉宾证明了主持人对他的了解,在这一前提下,嘉宾会更真诚地与主持人进行交流;三是预知的信息能够迅速地调动起嘉宾的情绪,勾连起他的回忆,提高了采访的效率。

(2) 要忘掉,也要真诚。每一期《艺术人生》录制之前,笔者作为主持人都会特别认真地去做功课,但是一到现场是希望自己忘掉准备的功课的。听起来仿佛有些自相矛盾，甚至可能很难理解，却是主持人能在访谈的过程中去拥有"新鲜感"的前提。主持人在与嘉宾聊天的过程中不要带入太多自己对这个嘉宾的提前理解，而是忘掉，用一种全新的、从来不知道的方式去聆听。这种"忘掉"是对主持人心灵的清空。

主持人在访谈节目，特别是文艺类的访谈节目中，需要感性地面对嘉宾。主持人需要感性，这种感性不是让主持人彻底抛弃掉对嘉宾的预知，而是要求主持人不要因为对嘉宾的预知而在嘉宾还没有表述之前就形成了某种看法，这种情况是极其可怕的。现在一些主持人在嘉宾还没有传递信息的时候就忙着给结论，给评价，这都是没有"忘掉"的后果。预知是必要的功课，这些信息会帮助主持人进行更有效率的访谈。但是，"忘掉"之后所拥有的"真诚"与"陌生"才应该是主持人对于嘉宾最好的态度。

正如钟大年教授在主编的研究《艺术人生》节目形态的著作《极

图 6-3 在录制节目前要忘掉"功课"，保持真诚。

端制作》中所写的:"你用你的人生经验,我用我的人生经验,我们一块来剥,一点一点往外剥,剥到最后让大家看到到底什么是真的,什么是假的,什么是苦的,什么是甜的。所以很多东西不能预知,凡是预知的东西就会匠气,就会显得不真实,不舒服。这就是这个节目的形态。"主持人在录制之前、采访之前应该参与到什么样的程度呢?主持人至少要参与到"自己要信",信这个节目都是真实的,信这个节目的呈现是符合观众的情感需求的。所以,主持人的前期介入,实际上对他此后在现场的发挥和创作,起到一个很关键的作用,而且在这个过程中会让自己更加得越来越丰满。

2. 节目预制——带着镣铐跳舞

访谈节目中的语言线性传播的规律和节目录制时间的有限性,要求节目组在节目录制之前要进行充分的节目预制。需要注意的是:这里所指的预制不是问话的语言预制,而是节目的中心预制和环节预制。中心预制是指节目组在录制之前就需要对这期节目所要表达的中心进行大概的预制,使主持人大体上明白这期节目主要需要表达的是什么。环节预制使节目主持人对节目的流程控制做到"心中有数",了解在节目的进行过程中会出现哪些关键的人、关键的道具、关键的词,甚至关键的场景,从而能够有效地控制时间。

一些同行将节目预制错误地理解为语言预制,片面地认为访谈节目中的主持人对嘉宾的采访是事先准备好的,这严重地限制了主持人和嘉宾的即兴发挥。固定数量的问题也会使主持人没有机会让参与者就一个自己感兴趣的问题深挖下去。结果往往使访谈例行公事,流于表面,兴味索然。相反,环节预制能够保证节目在可控范围内进行的前提下,将更多的自由空间留给主持人和嘉宾的谈话。

图 6-4 笔者与策划团队做节目前期准备工作。

笔者在《艺术人生》中的所有问话都没有经过之前的精确设定，而是根据环节设置的自由发挥，对某些事物感兴趣就可以多问，哪个话题已经足够就可以结束。

作为《艺术人生》的主持人，笔者需要细致地参与到每一期节目的预制当中，而预制主要就是通过策划来实现。《艺术人生》每期节目都会请来不同的专家召开多场策划会，当"外脑"们提出宏观创意，当编导们提出执行方案，我都会将他们的看法汇集一起，融合自己的思考提出自己对嘉宾的认识，对节目流程的把握。尤其是在节目的录前策划会上，我更会以核心策划者的身份，与导播、编导、灯光、舞美等各个工种人员进行全方位沟通，以促使我更加深刻、也更加灵活地理解与掌握节目文案。因为主持人对节目文案的理解程度往往决定了现场的实现效果。

《艺术人生》主编马宁说过："正如整个团队就好像一个足球队，而主持人就是球队的前锋，编导作为中场应该给前锋不断传出好球，前锋的任务就是把这个球射进球门，球队的胜利来自于全队的努力，但是以什么方式、什么角度，射出怎样一个精彩绝伦、激动人心的好球，则全来自于主持人这个前锋的技巧和表现。"我也深知，作为"前锋"，要完成精彩的"射门"，就一定要将"比赛"前的战术烂熟于心。

（1）主持传播在预制环节的创新。在有限的节目时间中，如何尽可能多地展现嘉宾、充分运用嘉宾这座宝库，也是节目主持人所要面对的问题。节目的环节预制，起到了很重要的作用。

预制方案需要遵从以下几个原则：一是指向性要强，要有很强的引导性，否则与嘉宾的谈话就容易散掉，以致不能突出节目想表达的中心；二是要尽可能将节目环节进行切割，将整期节目隔断成为不同的版块。如此一来，在每个版块所要表达的内容就会清晰起来，同时也能更高效地利用时间；三是道具、视频、采访、观众互动等环节要在预制方案中明确地标记出来，以便主持人能够在适当的时机插入；四是要尽可能保证灵活性，不宜将主持人的发问和具体的事项设计得过于固定，谨防现场不确定情况的发生。当然，这一点给访谈节目的主持人也提出了能力上的要求。

下面通过《艺术人生》录制"成龙专辑"的预制方案来讨论如何才能制作出一套较为成熟的预制方案：

> 勤奋　公益　爱国　功夫
> 乐观　责任　感恩
>
> 第一课：勤奋
> 　　段落目标：通过事例，展示成龙的成功标签之一勤奋并精力旺盛。
> 　　环节：徒弟带上来道具——成龙剪的报纸
> 并阐述道具的意义以及感受的勤奋（让他们抓紧利用空闲时间，坐地铁看书等）
>
> 第二课：公益
> 　　段落目标：核心故事——兔唇的女孩。核心思想——不是我感动了他们，而是他们感动了我。
> 　　环节：徒弟讲述一次印象深刻的公益活动

并讲述感受成龙的公益精神（成龙认为公益是可以学的）

第三课：爱国

  段落目标：成龙爱国的核心动力——感觉祖国的强大，作为港人的自豪。

  环节：徒弟展示困惑，他作为一名澳大利亚出生、成长在美国、最后到中国发展的人，如何感到国家的意义？

第四课：功夫

  段落目标：在功夫的领域里，成龙也是不断创新。

  环节：徒弟表演一段自己创新的功夫片段

  然后成龙点评

  互动：成龙最好能比划两下

第五课：乐观

  段落目标：成龙心态——老顽童。他认为很多艺人太脆弱，是因为他们没有调节好自己的心态。

  环节：徒弟展示成龙设计的外衣

  上面的一句话是成龙内心的真实写照：大肚能容，笑口常开

  而且还有成龙设计的袜子（成龙一有新的设计，

就会像个孩子一样在他们面前显示）

第六课：责任
　　段落目标：展现成龙作为一个公众人物的责任心。
　　环节：徒弟讲述成龙和他们说的一句话
　　"总有一天你们会拥有你们自己的影响力，你们应该认识到自己身上的责任"

第七课：感恩
　　段落目标：成龙是一个懂得感恩的人，而且他做的所有事情感恩和爱都是原动力。
　　环节：主持人揭开题板

　　这期预制方案有一个前提：节目录制时间被严格限定。节目录制之前，成龙的经纪人所承诺给《艺术人生》的录制时间非常短，只有一个半小时。这就要求节目必须在非常高效的节奏中进行。
　　这个预制方案中体现了《艺术人生》的团队如何在有限时间内丰富挖掘嘉宾的智慧。其一，预制方案对录制的整个过程进行了环节上的切割，从七个不同的方面来表现成龙。通过对成龙的分析总结了几个关键点，比如他的青年时期是个问题少年，他的父亲对他管教很严，而且从小是在武行里头被师父打大的；他的奋斗是从一名普通的香港青年一步步攀登，最终把自己的名字印到了好莱坞的星光大道上；他成名之后，力主环保，关心慈善事业；等等。其二，选取了丰富的材料。我在现场明显能够感觉到成龙看到节目组准备的材料之后的兴奋感。这些材料不仅表现出了我们对于他的了解，同时也极大地激发了他在现场的激情。其三，虽然设定了七个环节，但是灵活度很高。主持人可以在每个环节中自由地发挥，并且能够较为灵活地控制时间，该深挖的地方不放过，该往下走的时候又不用拖泥带水。我们也考虑到了最坏的结果，如果时间不允许，也可以将后面的三个环节合并成为一个，以保证节目的完整性。

这期节目的录制在结尾时出现了戏剧性的一幕，当我主动地提示之前预定的一个半小时已经到了的时候，成龙却主动要求延长节目的录制时间。最后，这一期节目的录制时间持续了两个多小时。正如中国的那句老话："好的开始是成功的一半。"这句话在成龙的这一期节目中有着充分的体现。正是我们细致地预制了节目的内容和环节，才能让成龙在愉快和高效的聊天氛围中主动要求延长节目录制的时间。

（2）谨防过度预制的误区。节目的预制是让节目的录制过程更高效，更顺畅。当然，也要遵循适度原则，如果过度预制就会严重地破坏节目录制的流畅感，"过犹不及"，《艺术人生》也经历了这样的摸索的过程。

谈到节目预制，有一个环节不得不提，那就是：策划会。在《艺术人生》每一期节目录制之前，节目组都要开策划会。《艺术人生》主编马宁曾经戏称《艺术人生》是"夜总会"，说得就是"夜里总开会"的现象。策划会的作用就是对即将录制的节目进行预制。但是，在一段特定的时期里，《艺术人生》曾存在过度预制的情况，也就是关于策划会不够有效的问题。主要体现在以下三个方面：

一是对访谈内容的预制过度。很多时候,在没有跟嘉宾见面的前提下,节目组就会在策划会上开始猜测嘉宾的想法、性格,甚至为人。最严重的时候节目组还猜测嘉宾对于问题的回答和反应。节目组根据凭空想象出来的嘉宾形象在内容上进行了很多的设计。既不科学,也不理性,妨碍了节目客观地呈现嘉宾真实的一面,揣测出的偏见极可能误导嘉宾,同时也误导观众。

二是对访谈流程的预制过度。在之前一些节目的录制中,节目组团队访谈过程中一些形式上的细节预制过度。我们极为具体地标注环节的数量、播放视频和呈上道具的时间点,破坏了主持人与嘉宾的谈话场。比如,有一次节目录制中,我与嘉宾的谈话正流畅,突然间看到文本上提示此环节有一短片,但是短片放完之后发现谈话被中止了,嘉宾刚刚才被激发出的表达欲荡然无存,主持人又得重新培养。

三是节目预制太过"务虚",很多"缥缈"的点无法通过实际的方法落到实处。特别是对我这个主持人来说,本来还知道节目该怎么做,开完策划会以后却一头雾水。

策划会在很多方面能够解决节目录制方案或录制流程方面的问题。这种形式的正面作用毋庸置疑,但是,这个环节一旦用力过猛,就会适得其反。有效的策划会应该具备以下几个因素:第一,人员构成,一个成功的策划会的人员构成应该具有多元性。《艺术人生》的策划会上既有社会学家,也有电视媒体高端的制作人,甚至还请过观众代表。如此一来,节目组会听到各种各样的声音。

第二,最重要的功能,成功的策划会应该是让节目组可以看到同一个物体的不同面。主持人、编导、制片人眼中的嘉宾都是不一样的,甚至还会有相悖的时候。那么,嘉宾到底是一个什么样的人?

策划会就需要将所有的观点统一起来，然后到现场去求证，或许嘉宾的性格正如节目主创所预设的，甚至或许都不对。

第三，"务实"是策划会的基本功能。关于精神、关于理想、关于道德、关于审美的讨论，到最后都必须落到如何以实际的电视传播手段去表现。所要表现的精神和情感必须落实到：是否使用关键词或使用什么关键词？如何引入，是用视频还是道具？整个节目主要分为哪几个大的段落？每个段落主要呈现什么？这个过程中，是否要加入横向的信息？是用电话连线，还是用外采等方式来展现？是否需要与观众的互动？结尾落点落在哪儿，以什么方式结束？

预制要达到的效果应该是一个双向的过程。主持人在其中也能发挥自己的能动性，而不是被预制牢牢套住。经过这一段时间的摸索，笔者开始对《艺术人生》的节目预制做出自我的尝试：首先是大胆地打破预制中关于细节的时间设定。预制中提示的短片可以在我的要求下，随机地出现在节目的过程当中。例如，我会在和嘉宾的聊天过程中适时地询问导播是否有录像支持，如果有就播放，如果没有，我就和嘉宾接着聊。如此一来，现场的互动感会更强，谈话的流畅性能得以保障。然后是大胆地打破环节之间的界限，甚至取消不必要的环节或增加必要的环节。《艺术人生》对于环节的设置是非常科学的，我并没有否定它的作用。但是，有时环节的设定过于死板，导致谈话的低效和时间的浪费。因为一些环节之间并没有明显的分界，如果嘉宾已经在某环节中谈到了其他环节的相关内容，我就会将这些环节合并在一起。如果在谈话过程中，我发现一些环节的设置与嘉宾的性格或经历并没有关系，就会直接取消，避免无关的内容出现。

以上是笔者对于策划会的看法和建议。节目的预制应该体现在一个灵活的方案上。这个方案对节目的流程进行了大致的框定，对节目的中心进行了大方向的引导，但绝不是制作一个精美的模型，一定要将节目卡死在一个固定的形状之中。如此一来，预制就会失去本来的意义，阻碍节目的进步。

二、访谈之中的技巧

访谈节目录制过程中，主持人与嘉宾之间会形成一个谈话场，这个谈话场是主持人和嘉宾共同作用的结果。需要注意的是，这个谈话场在很大程度上是由主持人进行主导的，主持人很像观众的导游，带领大家走进受访嘉宾的内心世界。这个谈话场又是不稳定的，嘉宾的思路无法像主持人那样井井有条。所以，主持人需要稳定这个谈话场，使之处在一个有条理的状态。同时，如何在这个谈话场中让嘉宾打开心扉、与观众分享一些嘉宾在其他场合不愿说出的问题，也考验着主持人的功力。

笔者将在这一部分中分别讨论"访谈节目三步曲"、"主持传播中的细节运用"和"如何提出敏感问题"三个方面的技巧。

1. 访谈节目三步曲

沟通是一门艺术，特别是对于谈话节目来说，与嘉宾的谈话区别于日常生活中的交流，需要具备电视媒体传播的特征。作为主持人，要使自己与嘉宾的对话具有美感的同时，又能够将信息高效、准确地传递出去。

作为《艺术人生》的主持人，我和上百位嘉宾畅聊了他们的艺术人生。经过一次又一次的磨炼，我逐渐为自己的访谈总结了一个"访谈三步曲"：第一步，做一个好的倾听者；第二步，做一个好的

图 6-5 《艺术人生》往期嘉宾。(部分)

引导者；第三步，做一个好的辩论者。

第一步，做一个好的倾听者。

交流，是一个互动的过程，主持人需要在谈话的你来我往中迅速地收集信息，反馈信息，加工信息，传递信息。无法想象一个访谈节目是主持人滔滔不绝，而嘉宾却很少说话。倾听，是访谈的基础。这是我在做节目时一直坚持的原则。学者姚喜双、邢欣、郭龙生在论文《电视综艺访谈节目的现状及发展态势探讨》中发布了对《艺术人生》主持人的问话所做的数据统计，得出了这样的结论："从数据来看，这个栏目主持人的话语较少，只占到38%，而嘉宾话语更多，因此可以说主持人是一个很好的倾听者。"数据客观地说明了我在坚持的理念：访谈节目的嘉宾才是主角，而主持人的任务则是调动嘉宾说出更多的信息，表达更多的情感。

现实是当下很多主持人自认为自己是节目的核心，便不顾嘉宾的感受，一味地滔滔不绝，不仅破坏了嘉宾倾诉的情绪，也极大程度地破坏了访谈节目的氛围。我的一次个人经历就是反例：一次，我接受了一个兰州某电台节目的访谈，聊的内容是自己的主持生涯。当时节目的主持人对我的经历很是了解，自己不断地叙述着我的主持经历，而我的任务相当于说"是"或"不是"，以证明他说的真假与否，令我苦笑不已。那次节目后，我在反思：一是在节目现场、在面对嘉宾的时候，主持人应该比嘉宾说得少，因为节目聊的是嘉宾的经历与情感，而这些信息只有从当事人的口中说出，才具有说服力和感染力；二是主持人的倾听传递着一种谦逊的美德，当嘉宾感受到主持人的谦和的时候，他会更加敞开心扉地畅聊观众感兴趣的人或事；三是倾听更是一种能力，而且是现在许多访谈节目主持人需要去加强的能力。说话谁都会说，提问谁都会提，但不一定谁都能听。恰恰只有当主持人倾听对方的谈话，并且用心底里的情感，用自己最真实的情感，去捕捉谈话对象所要传递出来的一切的时候，才是一名称职的访谈节目主持人。

说话是一门艺术。这已经成为电视同行，乃至广大受众达成共识。在笔者看来，倾听同样是一门艺术，而且是重要性不亚于说话的艺术。自2000年开始主持《艺术人生》以来，我一直在摸索如何做一个好的倾听者。下面，分享一些个人关于倾听的看法。

首先，"积极主动"地倾听。倾听在很多时候被视为一种"被动"的行为。当处在谈话的倾听环节的时候，我们被告知了信息，被传递了情感，被改变了想法。其实，倾听的"被动"经常发生在日常谈话中。但是，电视节目中的谈话有别于日常生活中的唠家常，在有限的节目时间之内，主持人必须完成高效率的倾听，以便更有的放矢地收集到嘉宾话语中的信息。

美国新闻学者肯·梅茨勒在新闻教材《创造性的采访》中提出了一个理念：进攻性的倾听。他指出：倾听不应该是被动的。"进攻性的倾听"的说法听起来有些自相矛盾：努力抓住对方谈话的要点，还得以自己的反应——语言方式和非语言方式去鼓励对方。[1] 换句话说，进攻性的倾听要求主持人在倾听这一环节采取更加积极主动的方式，而不是被动地接受信息。吴洪林教授在《主持艺术》中指出了倾听的三个方面：由点及面地听，要在听全中听出细节；由表及里地听，要善于归纳听出意图；由言及色地听，要在听其言中观其色。这三个方面较为全面地概括了主持人在主动倾听中应该注意的事项。

---

[1] [美]肯·梅茨勒：《创造性的采访》，北京：中国人民大学出版社，2010年，第67页。

在笔者看来,"积极主动"包含以下四个方面。一是要快速记忆嘉宾话语中的信息,记忆是一切的基础,只有当对方话语中的信息被记忆下来之后,才有可能对其进行加工。二是在记忆的基础上,抓住嘉宾话语的重点。嘉宾的话语绝大多数是现场即兴产生的,免不了冗长或者缺乏逻辑。主持人的任务就是要从中提取出最重要的点,最直接地了解嘉宾的意图,从而进行下一步的访问。三是要迅速将嘉宾提供的信息进行分析,而且是多方面的分析,即哪些信息和节目的主题有关,哪些信息是没有聊透而需要追问的,哪些信息是有可能掺杂虚假而需要进一步证实的,哪些信息是与节目无关的,哪些信息是观众感兴趣而需要进一步多聊的。最后,在以上三步的基础上,对不够透彻的信息进行追问,对还需证实的问题进行求证,对观众感兴趣的问题进行深挖。这里的"说"是主动积极"听"的最后一个环节,也是倾听的目的。在节目中完成良好的互动,"积极主动"地听,也就达到了目的。

其次,"互动"地倾听。崔永元说过:"主持人应该是一个能倾听并善于倾听的人。他在现场,更多的时候是要能鼓动起请来的客人、嘉宾和观众,让他们畅所欲言,看到你就想说话,有说不完的话,让他们觉得不说真话对不起你,没有必要在这个地方装假。这些完全是要靠主持人营造的,而且他会要求他的工作人员和他一起配合,把摄影棚完全虚拟的环境改造成一个真实的谈话场。这是谈话节目主持人在现场最重要的作用。"这段话直截了当地道明了主持人在节目现场的角色之一:信息的收集者和信息流动的控制者。收集信息指的是要从现场嘉宾和观众的话语中提炼出有用的信息,而控制信息流动则是指要利用之前所收集到的信息将嘉宾和观众有机地结合起来,使之产生互动。这对主持人的倾听、记忆和组织的能力无疑是很大的考验。

如果想使倾听更有效，不妨加一个前提：并不是主持人一个人在听他（她）讲话，而是摄像机之外的那群观众。"那群观众"是一个虚拟的存在，是主持人强行放在心中的一个概念。有了这个概念之后，主持人的倾听将能更加有效地鼓动起互动。其一，不再以自己的喜好和判断来倾听对方的发言，而是从更多角度去获取对方话语之中的信息；其二，会在倾听的过程中随时联想起"那群观众"可能会有的疑惑和不解，并加以追问；其三，会知道用什么样的气口把这个问题转移到台下的观众，或者将谈话引导向观众更感兴趣的方向。

第二步，做一个好的引导者。

由于广播电视传播活动具有线性传播的特点，往往在一个规定的时段内来进行，所以，广播电视主持人尤其需要对节目或传播活动进程的驾驭与控制。这种作用在谈话节目中更为凸显[1]。这就要求节目主持人在规定的时间内，不但要全面完成对于嘉宾的信息的捕捉，而且要在有限的时间内尽可能多方面地展现嘉宾的个性与情感。

"线性传播"的不可逆性和节目时间的制约是主持人要面对的双重挑战。为了达到节目要求的效果，在节目主持的过程中，主持人必须对嘉宾的语言进行引导。引导有多种形式，既可以用关键信息圈定嘉宾提供的信息的范围，也可以利用提前的环节预制将节目切割成"小块"，以达到在一段规定时间内尽可能展现嘉宾的目的。

马宁曾说："你到现场的时候，你会发现有一百个观众，有些人是冲着《艺术人生》来的，有些人是冲着嘉宾来，有些人是凑热闹来的。

---

[1] 陈虹：《节目主持人传播》，上海：复旦大学出版社，2007年，第97页。

而且，这些人都是个性非常强的人。主持人、嘉宾、观众三个支点，还有一个无形当中第四点，就是要谈的内容。朱军对大部分嘉宾来讲，只是从屏幕上认识，大家都是陌生人。怎么迅速地和一个素昧平生的人，见面就谈你吐心窝子的事，然后还得讲得声泪俱下，还得说实话，我觉得朱军他能迅速地让现场所有的人以他为中心，跟着他的思路去走，把第四个点贯彻到那三个点以外。而且让人迅速在这个场合感到一种亲切。"而在节目录制的现场，主持人对于这个场的引导就是一个将四个点贯穿于节目的过程。如何在主持人与嘉宾的聊天之中贯穿节目所想要表达的意思，如何让节目的中心主题在谈话的过程中得以体现，这就需要主持人在引导中去实现。

主持人在进行节目流程引导的时候，还需要注意以下三点：其一，作为"导航者"，主持人不能喧宾夺主、急于表现自己。在之前主持人的角色定位中曾讨论过"主持人是否是核心"的问题，从访谈节目的内容出发，嘉宾是主角，主持人是激发和引导嘉宾说的引导者，不应"抢戏"。其二，作为"主控人"，主持人要有较强的驾驭能力，随时控制把握好方向、分寸和场面，在给自己准确定位的基础上，做到适时提出或结束话题，让讨论根据需要深入推进或浅尝辄止，在谈话中穿针引线、因势利导，同时还要巧妙地控制和调节现场气氛。其三，作为"发问者"，主持人还应该担当起策划者的角色。所谓"策划"，就是在节目制作前，通过主持人的精心准备，设计出节目的最佳方案，使节目质量大大提高的一项工作。[1]

笔者以自身在《艺术人生》中所呈现的引导为例来说明。首先，排除冗杂、定位关键信息的引导。语言的凝练是对访谈节目主持人的

---

[1] 陈虹：《节目主持人传播》，上海：复旦大学出版社，2007年，第98页。

基本要求，在相对较短的时间内，主持人需用有逻辑的、简练的话语完成信息的传递。但是，这一要求并不适用于嘉宾。一是因为嘉宾没有经过相关的语言训练，他们的语言更接近自然状态，所以难免冗杂。二是因为嘉宾在面对主持人的提问时属于即兴口语表达，处于边想边说的状态。常常是想到哪儿，说到哪儿，因此缺乏逻辑关系。

嘉宾语言上的不稳定和节目时间的限制，使主持人必须对嘉宾的话语进行引导。特别是在嘉宾不能够顺利表述或把主题说偏了的时候，主持人需要提出问题，给予适当地引导，然后引导到一个正常的范围之内。常用的方法是用一个过渡性的"关键信息"作为提示，将他们的语言引导到所需要的范围。这个提示可以是时间地点或者状态等，是主持人想要的那个范围的具有特点的事物。在节目的录制过程中，主持人要随时抓紧主线，不断排除冗杂信息，将节目控制在主题的范围。

《艺术人生》曾做过一系列的老艺术家的访谈，因为节目容量有限，我可能需要的就是"延安文艺座谈会"前后那一段他的生活经历，但是有好多老人家习惯了叙旧，会从三岁的时候开始说，节目的时间却不允许他们慢慢道来，这个时候就要有适当的引导。我找了一个合适的气口插话说：当时毛泽东在延安文艺座谈会上讲话的时候您在现场吗？如果对方的回答是"不在"，我就会追问：那您在哪儿呢？您当时在干什么，您是什么时候听到讲话的，您当时听到讲话的时候是一种什么样的想法，当时的文艺作品是怎么创作的……这些都是可以提示时间和地点的关键词，对方在我的引导下将谈话的范围缩小到了延安工作会议时期。试想当时如果没有及时给予提示，就会造成非常不好的后果：现场录制的观众受不了，太长时间的录制对老人家们的身体不利，而且节目的录制成本就会大大增加。

其次,积极追问,完整谈话信息的引导。追问,是指主持人在嘉宾回答完一个问题之后根据嘉宾回答的内容进行再提问。在访谈节目中,主持人需要以追问的方式对嘉宾的话语进行引导,来解决以下问题:

(1)主持人经过语言上的训练,因此在节目中能够使自己的语言凝练清晰。但是,嘉宾不同,他们没有这方面的训练,在电视访谈节目的录制过程中更倾向于自然的状态。所以,嘉宾的话语常常会出现意思表达不够清楚的情况,主持人需要对嘉宾的话语进行分析,并在嘉宾没有表达清楚的地方进行追问,这种引导是为了嘉宾的信息表达更为完整。

(2)一个话题常常有不同的层次和方面,嘉宾的一次回答往往只能反映其中之一,这时候就需要主持人用追问的方式进行引导,加深话题的层次或者反映话题的不同方面。这种追问往往需要主持人具有较好的分析能力和捕捉能力。

(3)当嘉宾的说法与大家的印象差距过大或者不相符的时候,主持人则需要通过追问的方式进行求证。

如果把整个谈话的大致流程比作是树的主干的话,如果需要一棵树的姿态好看,那么,就需要优雅美观的树枝,追问就是这样的树枝。主持人的追问体现着访谈对话的逻辑链条,属于引导的一种。这种引导往往能使话题更加深刻。同样以成龙的节目为例:

主持人:刚才我们提到了有个词,叫五十知天命,您知天命吗?

成龙:什么叫知天命?

主持人:就是说,知道的我都知道了,我是这么理解,所有的经验在这五十年当中，已经积累得足够，可以应对所有发生的事情。

成龙：也不，我要学的东西太多。我是这十几年来开始学一点知识。

主持人：学一点知识？

成龙：学一点做人的道理。

主持人：您学做人的道理？

成龙：你认为我懂，可能我真的不是这么懂。

主持人：为什么？我觉得您做人做得……前两天我们在录制节目的时候还在说，那时您不在场，我说，说到责任的时候，我第一个想起来的就是成龙大哥，我们在上海就是那样一个短暂的见面，我觉得他是一个很有责任的人，我从心底里愿意称他为大哥。从这一点上您做人还有得说吗？

成龙：我觉得做人本来是应该有点责任，责任是应该有的，没责任是不应该的。社会把我养大，人家曾经救过我，我应该回馈给人家，我从人家身上学到的东西我回馈社会，我觉得是应该的，其实太多事我不太懂的，我只懂得我自己的这个圈子，怎么去对电影圈，怎么去做我应该做的事情，讲我自己应该讲的话，其他的我都不懂，你讲到政治啊，讲到其他我都不懂，所以太多东西要去学，所以那天打开人家的书，现在开始在看书，有时候还问这个是什么字，这是我觉得唯一一件内疚的事情，没有把中文学好，有时候看到很多人在做访问，所以为什么你的访问，我不敢做。我看你的访问，看别人的访问，小小的一个北京的小孩子讲话，他们讲话那种语气，带很多文言文，我说我就想做

图 6-6 《艺术人生》"成龙专辑"。

他们这样子的,好像你讲的天命,什么天知,五十知天命。我就想好像滴水成河啊,我觉得这种很好,但是我讲不了,我只能讲得很白。现在我怎么想把这个国语学好,现在讲标准一点。太多东西要学,做人嘛本来活到老、学到老,忽然来一个文言文了,吃到老、学到老。

成龙是娱乐圈公认的榜样角色,他已成绩斐然。但是,当他在节目中提到"学一点知识"和"学做人的道理"的时候,显然和观众对这位明星的判断不太相符,大家都知道成龙的为人是公认的优秀。于是,我马上展开了两次追问:"学一点知识?""你学做人的道理?"追问所收到的效果是成龙的回答表现出了他对现在状态的不满足和对更多知识的渴望。短短的两句追问，就让大家看到了这位老大哥的谦逊与好学。随着访谈的继续，当成龙表达出有一些做人的道理不懂的时候，我意识到这个点还应该深挖，就做了另一个追问。我以他在我心目中的形象作为例子，表达出他在做人方面值得我们学习的地方。在面对这个追问的时候，成龙又表现出了自己有很多东西需要学习。在结尾的时候，成龙的一句"吃到老，学到老"更是表现出了他的幽默。

试想在这两个地方如果不加以追问、进行引导，而是一带而过的话，本期节目将会缺少多少精彩。同样的，面对不同的嘉宾，不同的故事，主持人都一定要始终注意分析对方的话语，始终思考：这个问题说全面了没有？这个程度说到位了没有？这个问题解释清楚了没有？这三个问题帮助主持人始终处在一个积极提问的状态，不断发问，才能不断地发现嘉宾身上的可爱之处。

从整个节目的流程来看，嘉宾的述说大多时候还是处在较为被动的位置，主持人需要不断地为嘉宾搭桥、牵线，使嘉宾讲出更多的信息来表达自己。引导，是主持人在谈话当中最基础的任务，同时也是很难做到位的。主持人要想在访谈节目中成为优秀的沟通者，就一定要加强引导意识。

第三步，做一个好的辩论者。

肯·梅茨勒在《创造性的采访》中还提出了另一个理念：不带个人评价的倾听。他提出这个理论的根据来自于心理医生卡尔罗杰斯和助手勒特里斯贝格尔在一篇题为《交流障碍与交流通路》的文章中提出的两个理论：第一，只有在 A 说服 B 相信他或她所说的话是真的的时候，交流才是成功的；第二，只有当 B 能让 A 说出他或她的真实想法和感受，同时并不在意 B 是否相信时，交流才是成功的。[1]肯.梅茨勒认为，如果要将这两个理论运用到采访中，那么采访的目的应该定位在从采访中获取一些值得和观众共享的东西，而不是去显示采访者道德上的高尚或学问上的成就。

这一理念一直被视为新闻界从业者的圭臬。但是，这样的理念并不能完全适用于文艺类的节目。与新闻节目的理性相比，文艺节目是相对比较感性的，需要情感的碰撞。主持人不仅要呈现嘉宾的想法，自己也可以参与到讨论当中。当嘉宾表达的想法实在太不着边际、距离人本价值体系太远的时候，主持人在尽可能包容的前提下，可以与嘉宾进行辩论。这里的辩论不同于人们所熟知的辩论赛中的辩论，并不是要用严密的逻辑指出对方在思维上的错误，然后驳倒对方。更多强调的是通过两方不同观点向观众展示一个问题的不同的对立面，从而带给受众更多的思考。

《艺术人生》的节目录制过程中，常常会发生作为主持人的我与嘉宾之间发生的辩论。有一期节目，我采访了一个极富性格的嘉宾。采访前我们预知到这位嘉宾对朋友的理解不同于大众，我就在节目中问嘉宾如何理解"朋友"。这个嘉宾就表示自己没有朋友，生活当中全都是对手。这样的价值观显然跟我的价值观是相悖的。随后我与她展开了辩论，我询问她是有意设置对手，还是客观上认为所有的人都是她的对手。嘉宾回答是把所有的人都设置成对手，并表示这样才有动力，才能较着劲工作。这个辩论持续了不少时间都没有结果，我们都没有说服对方。但是，到了节目快结束的时候，她说到一件令她很感动的事：她身边的工作人员在一个架子快倒了的时候，第一时间就跑到她的面前把她推开了，而架子擦着她搭档的

---

[1] 转引自[美]肯·梅茨勒：《创造性的采访》，北京：中国人民大学出版社，2010年，第9页。

耳朵边倒在了地上,就差那么十几公分就会砸到她的搭档。等她说完了这个故事后,我追问了一句:"这个人是你的朋友还是对手?"最后她说,"那也还是我的对手"。虽然她还继续坚持,但是结果已经很明白了,观众自然会有自己的判断。

类似的辩论还发生在其他一些节目中,重要的并不是辩论的最后结果谁输谁赢,而是观众能从辩论中获得看待问题的另一个角度。主持人所在的节目处在一个大众平台,大众媒体应该给观众提供这样的平台,让他们看到辩论双方的观点。最终的判断权利还是应该交给观众,这也是辩论的目的所在。

2. 主持传播中的细节运用

《艺术人生》前制片人王峥提出过一个关于细节的观点:"如果说结构是一台电脑的硬件,而细节便是让它运行的软件,没有精彩的软件程序硬件再强大也只是个摆设。结构与细节就像硬件与软件一样是相辅相成的,只有珠联璧合,穿丝连线才能创作出一件件让人难忘的作品。"

细节是《艺术人生》栏目每期节目所重点突出的关键内容。观众往往会因一个动情的细节而潸然泪下,或因一个滑稽的细节而捧腹大笑。每期节目播出后,在观众的听评会上,我们都能够强烈地感受到细节对他们产生的极强的感染力。观众谈起《艺术人生》的每期节目说得最多的也是给他们留下深刻印象的动人细节。

要敏感地抓住细节,主持人要把自己设定为现场的"侦察兵",需要更加仔细地关注嘉宾的一举一动,通过嘉宾表情、动作上细微的变化察觉到嘉宾内心活动的变化。这种仔细观察的本领不是一蹴而就的,需要主持人在节目中不断磨砺。

访谈节目中的细节分为两种：一种是在节目的过程中所捕捉到的嘉宾的语言、动作、表情上的细节，另一类细节来自于创作团队对于节目的预制。本节将就细节在访谈节目中的运用展开讨论。

（1）用道具带出细节。对于主持人来说，用道具带出细节是一个非常有效的方法。能找到这些道具常常归功于策划团队在节目录制之前大量的细致采访，他们有时甚至会约见工作繁忙的明星们多次见面，对他们的工作、生活、家庭进行全方位的了解。在这里，我要感谢我的团队为捕捉嘉宾的细节所做出的不懈努力，有的嘉宾对圈里的朋友经常说起《艺术人生》的编导在他们家里掘地三尺的故事。

道具使主持人的提问变得有据可依，嘉宾会变得有话可说。比起空泛的提问来说，道具能够使嘉宾的话语范围得到更大程度的细化，同时嘉宾的情绪也会因为道具而变得更加积极。在"德德玛专辑"的准备模块里，《艺术人生》为了制造节目亮点构思了两件道具：一个是编导根据她与爱人之间动人的故事谱写了一首叫《红雨伞》的歌，这首歌是本期专辑的一个标志，一个展示她整个奋斗人生的象征。第二件道具是出其不意地拿出了她几十年前在中国音乐学院学习时的学籍资料。我能够明显感觉到拿出这两个道具的时候，德德玛意外的神情。这两个道具为德德玛在节目现场的表现带来了绝对的正面力量，同时也使得这期节目的传播功能进一步强化了。

在"陈凯歌专辑"、"王晓棠专辑"、"秦怡专辑"里，我们也较为成功地运用了一些道具细节。像前文提过的来自黄土高原的一包"黄土"，表现了人民对一名电影导演的质朴的爱；王晓棠将军生病时练声的"音笛"流露着她不惧艰辛、永不言败的性格。这些都是让嘉宾和观众难忘的道具细节。在节目准备模块里的道具细节的构

图6-7 《艺术人生》"德德玛专辑""王晓棠专辑""秦怡专辑"。

思和创意，为《艺术人生》栏目创造了一个又一个耀眼的亮点。

（2）从细微捕捉细节。细节常常隐藏在最细微的地方。主持人一定要练就自己的"眼力见儿"，全面地观察嘉宾的一举一动，不放过嘉宾的任何一个变化。在这一点上，我十分注意训练自己的观察能力，并且在一期又一期的节目录制之后得以提升。

在潘虹做嘉宾的那一期节目中，我抓住了一个包括现场观众都很难察觉的细节——当大家都在看节目准备的、展现潘虹演戏功力的短片时，我却将目光集中在了潘虹的身上，发现潘虹在看她所表演的悲情人物的时候不住地轻轻摇头，我抓了这个细节进行发问，取得了很好的效果：

朱军：你是"金鸡奖"最佳女主角奖的获得者。那从这儿以后，又拍了很多挺悲剧的片子，像《末代皇帝》、《最后的贵族》、《井》这些片子，而且有些人戏称你是中国的悲剧皇后，你对这个说法怎么看？

潘虹：真的不敢当。其实，我觉得可能我们生活当中，大部分的生活是由悲剧的因素来组成的。但是，人们又回避悲剧的字眼。在电影作品当中，如果能看到一个真正打动观众的这么一个形象的时候，它会给予你比本身演员付出的更高更多的评价和赞赏。其实要说起这个来，我觉得有点受之有愧。

朱军：这样好不好？让我们的导播台再播放一段，我们其实已经准备好了的录像，让我们再一次地来看一下潘虹的风采。有请导播。

（放大屏幕）

图 6-8 《艺术人生》潘虹一期,笔者抓住潘虹摇头的细节进行追问。

朱军:其实,我跟大家一样,在放这些片断的时候,都很仔细,很凝神地看。但是,我这个人好像干什么事都不是特专心致志。我的余光一直在看着潘虹,我发现你在不住地摇头。我想问问为什么?

潘虹:其实过程都是很艰辛的,结果都是很美好的。

朱军:你是感叹吗?

潘虹:感叹。我很感谢跟我曾经有过合作的所有的工作人员,我觉得如果没有谌容老师的这部小说,就不会有荧幕上的陆文婷,我觉得一个演员的成功,其实是很公平的,但是也是很不公平的,人们似乎都把所有的成功,都说成是潘虹的成功,其实不然,我觉得没有一个好的剧本,没

> 有好导演，没有好对手，没有好的工作人员，我今天没有资格坐在这里。你们不会认我做一个朋友，尽管可能我在主观上也很努力，但没有用的。

这几下摇头是极其细微的肢体变化，而从这个细节出发的提问让我们看到了一个谦卑的潘虹。

我在《艺术人生》的录制的过程中大量地挖掘了这类细节。我很荣幸能够得到中国传媒大学吴郁教授这样的评价："朱军十分注意观察嘉宾的一举一动，通过对被访者的动作甚至眼神的变化来发问，真正达到了挖掘人物内心世界的作用。"[1] 嘉宾在现场所展现出的细节可能极小，极其容易忽略，但是一旦抓住便能比直接提问更加激发嘉宾的表达欲，嘉宾针对关于细节的提问的回答往往也能更加作用于观众的心灵。

（3）用停顿放大细节。在主持了一期又一期的谈话节目之后，我越发地感觉到停顿的力量，并不是所有的感动都需要用语言去表达。有时候，停顿能给节目带来更好的效果。看过孙道临那期节目的朋友肯定依然记得孙道临在谈起逝去的战友时痛苦抽泣的表情，在那个时刻，我是保持沉默的，因为我知道在那样强烈的情绪中语言的苍白无力，唯有无声才能放大感动。观众依然会记得李文华艰难讲话的神态，那期节目的节奏很慢，我特意地加入了较多的停顿，一方面是为了照顾李文华老师，另一方面也是知道慢节奏的对话，才能让大家更加感受到李老师给我们带来的力量和感动。停顿有时会让《艺术人生》的播出效果达到"此时无声胜有声"的境界。

---

[1] 吴郁：《谈话的魅力》，北京：中国广播电视出版社，2007年，第44页。

(4）用真实还原细节。《艺术人生》栏目在细节创作中一直遵循着一些原则。细节的力量源于真实，不真实的细节会使人感到虚伪，从而使观众的情感游离于正在观看的节目之外，甚至诱发出其对整个节目真实性的怀疑。真实还在于要符合人物性格的发展逻辑，是嘉宾此地此时此情况下才能发生的心理、行动、表情、言谈、感觉等，也是典型环境和典型人物的典型细节。

典型环境的典型细节是具有强大的感人力量的。机智幽默的英达看到自己的黄金搭档梁左生前的影像那顷刻间凝重的表情；德德玛听到那发自内心的表白《红雨伞》时含泪的双眼；牛群看到已故母亲的针线活儿时怀念的表情……都是在当时环境下的典型细节。嘉宾只有在面对这些真实的景物时，才有可能产生真实的情感反应，从而进一步带动起现场及屏幕前观众的情感互动。如果嘉宾不是因为一个个真实的景物而从心底里感动，而是按照编导的意图去演戏来表现或痛苦或高兴，就会异化成让所有观众都反感的矫揉造作。这是《艺术人生》栏目严防死守的"洪水猛兽"。

总之，在细节的捕捉上，我们力求完善。细节虽细，但它的容量大、含义深。主持人应该要通过细节把一个个真实的、精炼的、能揭示主题思想、刻画人物性格的细节留住，把一些虚假造作无关主题的东西滤掉，这是主持人在进行主持传播过程中需要的。

3、如何在访谈节目中提出敏感问题

在访谈节目中如何向受访嘉宾提出敏感的问题？这已经成为越来越多访谈节目主持人关注的话题。所谓敏感性问题是指与企业或公共事务相关的、可能引起尴尬或批评的问题，或者指涉及某人私

生活的一些不愉快事件的问题。[1] 很多人以为敏感性问题的提问就是为了揭露对方的隐私以博取更高的收视率。这种观点是片面的。诚然，节目的收视率的确是考虑的因素，但是，在节目中与对方谈起这些敏感的问题不仅仅是为了八卦或猎奇。央视不是商业性的电视媒体，在这个平台上所播出的节目绝对不能以他人的隐私或难处作为卖点。

我常常做这样的一个比喻：敏感问题的提问就跟面对一个门一样，推开进去，跟门缝里往里偷看，完全是两种心态。推开进去，是要了解他（她）的经历，对方就会敞开心扉地聊；如果偷看，本身心就是肮脏的，对方就会躲闪，甚至拒绝回答。提问的态度决定了提问的方式。我反对香港小报式地对明星的私生活刨根问底，甚至去窥探明星不愿暴露在公众视野的私人部分。身为央视平台上的主持人，我时刻提醒自己：敏感问题的提问是有理由的。有的是为了能够让受访者自己打开这个心结，有的是为了观众能够从他（她）的经历中得到经验或者教训。

秉承上述理念，很多嘉宾在《艺术人生》说出了很多在别的节目中不曾说过的秘密。例如，陈坤在《艺术人生》聊到自己的父母就是一次成功的关于敏感性问题的提问：

朱军：其实，今天一开始，我在做你这期节目的时候，就有很多非常好的人，应该说，我认为是很好的一些人，告诉我说，你们能不能在节目当中，不谈及陈坤的父母？我说为什么，他们说这样可能会对他，或者是对他的父母，

---

[1] [美]肯·梅茨勒：《创造性的访问》，北京：中国人民大学出版社，2010年，第99页。

第六章 突破自我：国家舞台上的创新传播 | 193

图6-9　身为央视平台上的主持人，我时刻提醒自己：敏感问题的提问是有理由的，有的是为了能够让受访者自己打开这个心结，有的是为了观众能够从他（她）的经历中得到经验或者教训。图为《艺术人生》采访陈坤。

造成某种意义上的伤害，我不知道为什么。会吗？

陈坤：我现在做一个演员。每个演员都想把自己的最优良、自认为优良符合社会道德规范的一些事情拿出来让所有人知道。那我跟我父母感情很好这个事情，如果我拿出来做，多几次，太有作秀的感觉，我觉得我不需要，我只是演员，用演戏让大家注意到我。生活当中的陈坤，和我父母的感觉，实际上跟其他孩子跟父母的感觉一样的，只是到我这儿被放大了。其实，到现在，我一直认为，我非常爱我妈妈，提起她我会流眼泪。我不太爱提我爸爸，并不是说忘记他，但是，我不喜欢这个方式，拿他作秀，让大家看到他是一个孝子。是孝子而认可他演得不好的角色，我完全不要。

朱军：你希望大家更单纯一些？

陈坤：更单纯地看到我，其实从小到大的经历里面，到现在只能说是我很幸运，小时候的同学，和院子里面长大的孩子，我现在回去看他们的时候，我才发现，我既然斗胆包天可以冲出那片天空，到现在到北京来，可以做一些以前想不到的事情。我已经很幸运了，所以有些事情，如果提到我母亲，我一定会很感动，我是控制不到的。但是，从某种意义上，我心里告诉我自己，不要作这种秀，我不想让我妈妈哭，我不想让其他人哭。

我想引述美国新闻学者肯·梅茨勒在新闻教材《创造性的采访》中所提出的观点来分析这一段提问，他在关于敏感性问题提问的章节中总结了五条建议：一是将类似的问题放到访谈的中后段，这样就给了自己充足的时间可以为这些问题铺垫好一个好的气氛。二是提问时要有好的借口，让对方知道之所以要聊这个问题是为了公众教育等目的，而不是单纯想利用对方的隐私。三是不要采用施压战术。四是用迂回的方法，逐步进入敏感地带。五是认真倾听，及时捕捉线索和不明朗的感情因素。

按照梅茨勒所提出的观点，我对陈坤的这次敏感问题的提问符合对此类型问题进行提问的一些原则。第一，关于陈坤父母的这个问题，节目有意放在了节目进行到中后期的时段。这样的时间安排不是巧合，而是需要确定我与陈坤之间的谈话的维度已经打开，再经历了之前关于他的工作的提问之后，他也对类似问题的回答做好了准备。

第二，敏感性问题不能为了提问而提问。正如前面所提到的，敏感性问题的提问必须要有充足的理由。我在提出敏感的问题之前做了足够的铺垫："他们说这样可能会对他，或者是对他的父母，造成某种意义上的伤害，我不知道为什么。会吗？"本质上其实是一种关心。因为内心的挣扎和对于媒体的躲藏，陈坤常常会将自己放在负面的情绪之中。在我看来，这是一种自我的保护，这样的保护又使陈坤将自己与观众隔开了一段距离。《艺术人生》需要让陈坤知道：不是所有的媒体都会恶意地炒作他的家事，一定会有一个平台给他一次很好的机会说出内心的话。对于喜欢陈坤的观众来说，了解到陈坤的这些秘密也可以更加关爱这名优秀的演员。

第三，这种类型的提问不能过于直接，一定要采取迂回的战术。当对方不想再继续说的时候一定不要施压，而是要让对方感觉到气氛的缓和。但是，当对方的回答有情绪和线索上的不明朗的时候，主持人一定要进行敏锐地捕捉，并且加以追问，使得对方对此类型问题的回答更加清晰。在陈坤对我的第一个问题进行回答之后，我明显感觉他想表达的意思是希望大家更加单纯地将他看做是一个演员，而不要太多的关心除了演员这个身份之外的事情。但是，由于他的表达不够清楚，我就在之后发出了一句追问："你希望大家更单纯一些？"陈坤在这个追问后更加清晰地表达出了自己的观点，使观众了解到陈坤不愿谈类似事件的真正看法。

当现代的传媒技术不断更新发展，让我们看到比原来更多的风景之后，内心的窥视欲也被激发出来。大量明星抱怨在这个媒体时代无法保留哪怕一点自己的隐私空间，抱怨媒体对他们的生活的过度挖掘。作为主持人，特别是谈话节目的主持人，一定要杜绝自己的八卦心态，不能一味地迎合观众的窥视欲而去涉及太多明星不愿暴露的隐私，要极力地为受访对象们保留最后的一片净土。

另一方面，判断一档访谈节目精彩与否的关键因素之一，就是看这档节目能不能最大限度地多元呈现受访嘉宾，让他们在节目中尽可能多方面地展现自己。敏感问题不是八卦，而是通过善意的询问了解受访嘉宾内心深处脆弱的、敏感的领域，通过缓和的方式让受众看到他们的脆弱与无奈。这不是站在门外透过门缝窥视房间里面的快感，而是大方地打开门，如果对方不让进，则适可而止，如果对方能够接受，则可以进行更进一步的交流。

正是因为秉承这样的理念，许多明星在《艺术人生》敞开心扉，讲述了很多之前从未聊起过的故事，从潘虹聊她的婚姻，到孙悦聊她的父母，再到陈坤聊他的家庭……对于打开心门这一点，我没有灵丹妙药，有的是一种善良的态度，我甚至有时会不想再深入，生怕嘉宾会因为过分的暴露而受到伤害，反而是他们勇敢地述说着那些别人之前所没有看到过的情境。态度是重要的，方法同样也是重要的。巧妙的方法能够直接帮助主持人更快地解除嘉宾身上的防备，更深入地了解嘉宾的敏感地带。

4. 访谈之后的思考

一档好的访谈节目是由一次次和不同嘉宾的精彩对话构成的，一名好的主持人只有踏踏实实地做好每一次对话才能建立起一档好的访谈节目。与此同时，当一次次的对话已经组成了一档访谈节目的品牌的时候，作为主持人，我们也应该从更大的角度来思考整个节目的价值观和品牌价值的问题，从而帮助自身从宏观的角度掌握访谈节目的发展。

笔者下面将讨论"访谈节目价值观的思考"和"访谈节目品牌价值思考"两个话题。

（1）访谈节目价值观的思考。

一档访谈节目要传递什么样的价值观？这是一个访谈节目的灵魂所在，也是节目的主创团队需要思考的问题。特别是对于节目的主持人来说，清晰地把握节目要传递的价值观是一个最基本的要求。现在一些访谈节目不清楚节目的价值观所在，一味地传递"奇迹"等，而忽略受访嘉宾努力过程，将其获得的成就无限放大，或者不断地讲述"亲人亡故"、"人生磨难"等揭伤疤性质的苦情故事，更有甚者雇演员参与节目上演噱头十足的戏码。这些访谈节目的做法是万万不可取的，严重地扭曲访谈节目的人文特性，更是违背了访谈节目需传递主流价值观的作用。

在每期节目开播之前，《艺术人生》团队都会认真地核对所使用的、关于嘉宾的信息的真实性，并且坚决反对在节目的现场雇佣演员演戏。真实，是一档访谈节目的底线，并且是不可被突破的底线。一旦失去了真实，访谈节目也就是失去了存在的意义。电视节目可以尽最大的努力用电视化手段使节目具备更高的客观性，但是虚构和演戏从一开始就应被拒之门外。

作为《艺术人生》的主持人兼主创，我一直提醒自己要谨记《艺术人生》的魂：传播主流价值观，引导大众进行正确的思考。在这样的思想指导下，节目更多谈论"理想"，因为理想是一个人根据社会需求和个人需要所构建的具有实际操作意义的想法。《艺术人生》更愿意呈现嘉宾的努力的过程，而不是"运气"的成分。受众需要从嘉宾的身上看到"一分耕耘，一分收获"的真谛，从而不断为一个脚踏实地的"理想"奋斗。我们不愿受众只是看到一个又一个"一夜成名""一夜暴富",而否定努力的价值,等待着天上掉馅饼的奇迹。

在一个过度强调"个性化""个人化"的时代,我们依旧坚持将嘉宾及其故事和经历放到社会更大的坐标中去思考,希望观众看到的不仅仅是个体的人,而是一个个的故事,从而更加清晰和理智地看到我们所生存的这个时代。

以上是笔者在作为《艺术人生》的主持人和主创期间一直所遵循的准则。它使我在做节目的时候不断思考,也使我的头脑时刻保持清醒,稳定地传递《艺术人生》所传递的价值观。

关于节目价值观,朱之文作为嘉宾的那期《艺术人生》节目是一个很好的例子。关于这期节目的立意,我有过挣扎。一方面,栏目需要弘扬的是一种平凡、平实的价值,农民能把歌唱得如此好,的确不容易,他对生活的热爱,对音乐的执著着实令人感动;另一方面,如果把他的"成名"放得太大的话,就会煽动农民群体中的浮躁情绪。所以,我们需要对矛盾进行化解。于是,我们用了一个策划点,邀请了杨洪基老师,也就是朱之文成名作《滚滚长江东逝水》的原唱者。我们需要借杨老师之口来化解之前一直在纠结的矛盾:

> 杨洪基:希望粉丝不要那么护着他,其实朱之文很好,但他确实有很多需要提高的地方。也不是说现在就是一个歌唱家了,一个可以走向世界的歌唱家了。还要做出很大的努力。因为没有经过很多的专业训练,那我们的音乐学院还办不办,就没有意思了是吧?那还是要经过很好的专业训练,专业学习。我甚至还听人说现在有很多人也不爱

务农了,也不爱工作了。整天学习唱歌,也希望像旭日阳刚,像朱之文这样能够成名。其实这里有很多机遇,但是我觉得这个舞台提供得非常好。让我们看到我们的平民,我们的老百姓只要唱歌唱得好,也有一个舞台可以展现他们的才能。我对粉丝提出一些要求,可能说得不当,但我完全是善意的。

朱军:我觉得啊,杨老师,为了您刚才的这一段话,我要深深地给您鞠一躬。

杨洪基:可别这样。

朱军:我觉得这种态度是负责任的,不光是对朱之文负责任,对他的粉丝负责任,实际上是对我们今天当代的

图 6-10 《艺术人生》朱之文一期借由杨洪基老师之口传递了节目的价值观立场。

这个艺术舞台负责任。所以真的要谢谢杨老师刚才的这一番肺腑之言。

杨洪基老师的这一番话一针见血地点中了节目所要传递的价值观。可以说，这期节目是《艺术人生》所坚持的价值观传递的典型，我们希望通过节目展现一位农民的质朴和他对音乐的执著，同时也让观众看到了媒体时代所赋予中国老百姓展现自己的机会。受众也能通过这期节目理智地看待"草根成名"这一现象，让一切心怀成名梦的草根更加冷静地定位自己，从而不要盲目地追求名声，而是更加踏实地生活。

这期节目的结束语体现了我对于访谈节目价值观的思考：

> 我们今天跟朱之文，跟他的朋友，跟他的乡亲，跟他的老师，跟这么多喜欢他的观众聊了很多关于朱之文的故事。我为朱之文的这种精神所感动，同时，兄弟，我真的有那么一丝丝的担忧。因为你接下来将要面对的恐怕是前三十年都没有面对过的，或者说都没有预料到的。将来的路会更长，需要你走的路也更远。我是想说让我们一起努力，每个人都拥有自己的艺术人生，成功不光是登上春晚那个舞台，其实成功的舞台有千千万万，它就在我们的脚下，需要你用心去体会，用心去触摸它，去感受它的温度。举办不举办独唱音乐会只是一个形式，是不是真正地热爱音乐才来源于我们的心灵。我想，只有用心真诚地、质朴地、执著地去歌唱的时候，你的歌声才会那样的，并且永远地打动我们的观众。

在这段结束语中，我较为中肯地说出了节目的看法。我相信有心的观众一定能够听出弦外之音：如果草根明星不能冷静地看待自己的成名，便会悲剧地成为这个媒体时代被大家娱乐的工具。

这些主流，就是《艺术人生》这个栏目上所实践的。节目的价值观还是很恒定的，是符合咱们中国人价值观很传统的美德。真善美，无论《艺术人生》如何改版，它的主流价值观依然没有变。

访谈节目要传递正确的价值观。对于访谈节目主持人来说，这是义不容辞的责任。电视在选择到底是迎合观众还是引导观众的所谓矛盾的时候，主持人在这一点上要坚定地选择后者。因为一档访谈节目的主持人唯收视率马首是瞻，只会迎合观众，这档节目就必然是肤浅和世故的。只有当节目主持人主动承担引导受众的社会责任的时候，节目才能有灵魂，成为主流的、正确的价值观的传递者。

（2）访谈节目品牌价值的思考。

中国传媒大学博士生导师胡智锋先生认为，中国电视五十年在内容生产方面，可以用"品"字来划分出三个发展阶段：从1958年到1978年这一阶段，是"宣传品"为主导的一个阶段；改革开放至今，这三十年又分成了两段，前半段称之为"以作品为主导的阶段"，后半段20世纪90年代中期以来，则为"产品或者商品为主导的阶段"。正如《艺术人生》前制片人王峥所说：《艺术人生》不能简单归类为这三种判断之一，在收视率时代，《艺术人生》一定程度地受此制约；但是，作为国家电视文艺品牌，彰显的是一个国家的文艺态度，更是对社会情绪的感知与引导；而作为许许多多主创人员的心血结晶，《艺术人生》亦相应有着作品打磨的印迹。

对于我个人而言，《艺术人生》的产生起源于一个想法：不想再

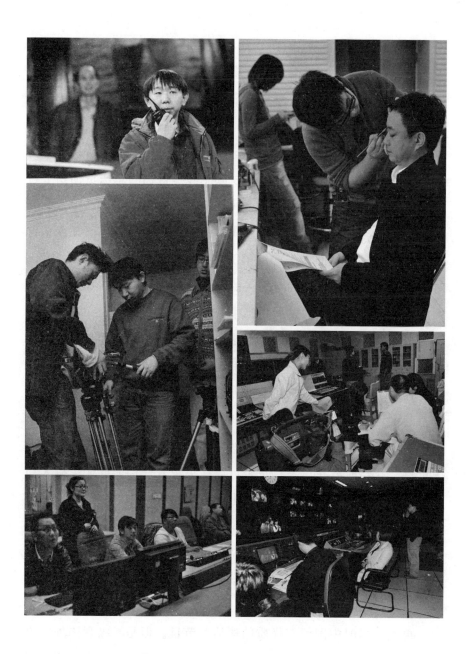

图 6-11 《艺术人生》的幕后团队。

做"石狮子"。所谓"石狮子",是我用来形容在连续主持了央视的春晚和许多央视的大型晚会之后发现自己的一个太不理想的状态——就像北京民居门前的石狮子一样,看起来风光无限,却没有活力,很多时候也无法将自己的想法加入节目的创作中。2000年是世纪之交,我恰好处在挣扎的状态中,急需一个节目来打破自己"石狮子"的状态,成为一名可以在电视广播领域能够将自己的想法贯彻到节目中的主持人。在多方的努力之下,《艺术人生》应运而生。

关于这档节目的品牌价值,我在摸索之中得出了以下几点:首先,我想从文化层面做一档能够为传播民族文化做出贡献的节目。对于中国人来说,我们拥有悠久的历史和灿烂的文化。我们的民族发展史孕育在全人类的发展史当中,她是一代又一代人、一个社会又一个社会传承总结下来的。在这个过程当中,我们拥有的民族精神、价值体系和审美体系等等,都需要大众媒体去传播和发扬。这就是我所思考的《艺术人生》在宏观文化方面的品牌价值。

其次,2000年,中国的电视节目中唯独没有一档安静地坐下来传播信息和情感的节目。很多晚会、很多娱乐节目都在一片喧嚣中进行。我当时就在思考,是否可以在央视开一档能够让主持人和嘉宾在一个安静的环境中畅谈人生经历和想法的节目。《艺术人生》当时是一片喧嚣中的一个安静的角落,这里没有噱头,没有现场表演,没有现场音效,有的只是主持人与嘉宾的心与心的交流,安静与会意,沉淀与思考。我想这应该是这档节目能够在当时激烈的竞争中异军突起的原因。

再次,当时中国鲜有优质的谈话类节目。但是,纵观国外的电视界,谈话类节目已经是常规的节目类型了。所以说,在中国做一档谈话类节目在当时是一个创新的举动。但我深知,任何创新一定是任何一个时代都需求的,创新一定要有一个前缀,就是继承。《艺术人生》的节目形式是当时的创新,它的信息和情感的传播模式也走在当时中国电视界的前沿。但是,它的内容又是一种传承,这档节目意在传承和传播中华民族的文化。创新的形式和传承的内容,这成为艺术人生在电视传播方面的品牌价值。

当然,到今年为止,《艺术人生》已经走过了十三年的光阴。在这不长也不短的岁月中,我们也顺应变化,对《艺术人生》的品牌价值进行一次又一次的修改。每一位创作人员始终有着强烈的危机意识,我们面临的问题是时代变化与技术创新对节目的巨大挑战。另外,现在很多人在新媒体上找到了更自我的表达方式,观众的流失与新的要求对我们提出更多挑战。面对现实,我们必须避免两个恶化的趋势:低俗化和殿堂化。既不能期望太过及时满足观众的娱乐需求,也不能期望在雅文化或者政治文化中寻求暂时的绿洲。

我们在品牌价值的道路上不断摸索,并且不断创新,只为能够达到最初时开创这个节目的目的。随着时间的推进,《艺术人生》这个品牌越来越具有影响力,很多明星嘉宾因为对这个栏目的信任而在这个舞台上说出了自己的心里话,也有越来越多的观众因为《艺术人生》这个舞台拉近了与心中偶像的距离。更重要的是:文化,在这个舞台上得以传播;智慧,在这个舞台上得以分享。

任何一个栏目都应明确地思考自己栏目的品牌价值,这个价值包含着主创所想要通过节目表达的内容,以及这个栏目能为我们的时代做出的贡献。也只有依托于正确的品牌价值,一档节目才可能真正具有不衰的生命力。

第二节 晚会节目：大气控场

晚会一般是指在晚上举行的有现场观众观看文艺表演的聚会。而电视晚会则是指通过电视这一媒介将晚会进行转播、录制、播放。晚会按内容可以分为综艺晚会、专题晚会、专业晚会，按播出方式则分为录播晚会、直播晚会。[1]晚会中主持人起到十分关键的作用，主持传播是晚会中的重要传播过程。

一、晚会中主持人的作用

从中国的电视荧幕上出现了电视晚会这一类型的节目以来，晚会的播出内容和播出方式发生着日新月异的变化。这些变化对晚会中的主持人不断地提出新的要求。从最开始的单纯照稿播音的报幕员，发展成为现在需要灵活控场、参与晚会节目，甚至在现场完成访问任务的综合性主持人。

主持人在晚会的进程中起到以下作用：

1. 承上启下

晚会的整体由一个个节目组合而成，在节目与节目之间就需要主持人进行串联，使晚会的各个部分成为有机的组合。在20世纪70、80年代，主持人的作用于报幕员几乎无异，只需要简单的话语串联上下两个节目即可。从20世纪90年代开始，主持人在串联的时候有了更大的空间可以发挥，不但可以对之前的节目进行感性地分析，而且可以将更多的个人情绪穿插到晚会的主持中。

---

[1] 游洁：《电视策划教程》，北京：中国传媒大学出版社，2007年，第272—273页。

2. 驾驭控制

不论是什么样的晚会，都一定会有一个想要表达的中心思想，各个节目会围绕这个中心思想进行设置和表演。主持人是晚会意图的贯彻者，要清晰地把握晚会的主旨，通过开场白、串联词和结束语将晚会的主旨进行强化。"五个一工程奖"颁奖晚会就是主旨十分明确的晚会，旨在通过对优秀文艺作品的表彰鼓励文艺工作者的艺术创造，同时也感谢他们为观众带来了艺术的、美的享受。在这类晚会的主持中，主持人要通过自己的主持传递晚会的精神，让艺术家和观众感受到国家对于艺术创作和精神文明建设的重视。

3. 活跃气氛

晚会主持人是现场观众或电视机前观众与舞台表演者之间沟通的桥梁，他（或她）负责运用有声语言和副语言完成晚会表演组与嘉宾之间的互动，活跃现场的气氛，使晚会顺利进行。活跃气氛能大大拉近观众与晚会表演者的距离。"心连心"艺术团晚会中，主持人的状态需要热烈并不失亲切。主持人需要用活跃气氛的方式拉近观众与晚会的距离，也达到了用文艺表演拉近观众与艺术之间距离的目的。

4. 处理应急

晚会的进行过程中，经常会有意外出现，这个时候就需要主持人沉着冷静地处理晚会进行过程中的麻烦。例如，因硬件问题出现的空场、现场观众不稳定而引起的骚乱等等，都需要主持人"挺身而出"，进行救场。好的主持人在这种时候就类似于救火员，要时

图 6-12 中国荧屏上电视晚会的发展对主持人不断提出新的要求。图依次为"五个一工程"晚会、央视"心连心"艺术团晚会、央视春节联欢晚会、央视 2010 年"情系玉树,大爱无疆"抗震救灾大型募捐活动特别节目、中秋节晚会、公安部春晚。

时刻刻保障晚会的安全，把晚会的空场补上，将晚会的意外掩藏好，不被观众发现。春节联欢晚会的播出过程中会因为时间控制的原因需要主持人临时上场填补空白，这样的应急处理考验着每一位春晚主持人的机智。

5. 现场访问

互动性的增强是晚会发展的一个重要的趋势。现场的观众不再仅仅是坐在位置上看节目的"看客"，现在的晚会现场观众常常会以被访谈的形式参与到晚会的进程中来。主持人在晚会主持的过程中有时需要到观众席中对现场观众进行采访。采访通常以简单的问答形式呈现，不需要像访谈节目中那样严密。但是，在晚会的大场面中，如何才能以较好的姿态和问题对观众进行访问，也成为主持人需要思考的问题。

6. 传递主旨

一场晚会通常都会有一个需要传递的主旨。例如，春节联欢晚会就是要在欢乐祥和的气氛中通过精彩的节目给全国观众送上新春的祝福，中秋晚会是要在宁静愉快的气氛中给观众送去阖家团圆的问候，而赈灾晚会则是要在庄严肃穆的气氛中给灾区人民传递力量和信心。晚会的主旨不同，主持人的状态也要进行相应的调整。值得注意的是，被安排在晚会中的节目都从不同角度反映了晚会的主旨，对于主持人而言就需要将晚会的主旨贯穿在晚会中，通过串词、介绍、访问等形式传递，使整个晚会成为一个具有精神意义的整体。

中国传媒大学教授游洁在著作《电视策划教程》中总结出了晚

会的四个特点：首先，是一种彰显重要性、通俗性、大众性，并以欢乐喜庆为主要风格的电视文艺节目。其次，晚会有三大支柱即歌舞、小品、相声。再次，晚会能够制造出最好的现场热烈气氛和观演互动效果，反映出电视文艺豪华、靓丽、热情的特点。最后，电视晚会一般需要较长的时间。[1]

通过对晚会特点的研究，不难发现晚会这一类型节目对于一名主持人能力的考验是相当大的，要求他（她）必须具备较高的职业素质，甚至是其他类型节目主持人所应该具备的大多素质，诸如语言表达能力、现场驾驭能力、协调组织能力、灵活应变能力等等。众所周知，有的时候因现场的需要，谈话类节目主持人，不仅要用语言、表情、手势作为表达手段，而且有时要运用各种复杂的动作，必要的时候还要做一些表演或是模仿，也只有谈话类型的节目会要求主持人在工作中如此极致地将有声语言和非语言进行全面地调动。同时，晚会的形式和内容在创作团队的努力下会不断发生变化，作为主体的主持人而言，其语言和状态也不能一成不变，而是要随机应变。

进入央视之后，我主持了许多综艺晚会节目，对于在晚会中的主持人传播也做了很多新的尝试。

（1）化大为小，化远为近。

中国电视荧屏上的晚会经历了一个很大的变化过程。在晚会的起步阶段，由于当时的文风和审美习惯，主持人只能用一种空的、大的、形式化的方式去传播。但是，随着时代快速地发展，如今人们对于媒体的认知也不再是从前的单一标准，人们的消息源更加丰

---

[1] 游洁：《电视策划教程》，北京：中国传媒大学出版社，2007年，第274页。

富,现在的观众就无法适应以前的"大"了,"高大空"的主持方式让他们没有贴近感。

"心连心"艺术团晚会就是之前"高大空"主持方式的代表。但是,随着观众审美的变化,"心连心"艺术团晚会的主持人也发生了态度的变化。改变之前高声呼喊、居高临下的状态十分必要。主持人在认识晚会的时候有一个很大的误区,认为晚会的大场面必须要用更"大"的语言去表达,否则就会显得不合时宜。错误理解的形成有其历史背景,但必须认识到这已经是一个观众审美分层清晰的时代,不同的观众对于主持人的传播有着自己的看法。如果再一味地以同一种语气进行传播,只会激发观众的反感情绪。

举例而言,在春晚与"心连心"艺术团等晚会中都会出现表态式的串词,通常都是从"我们更加紧密地团结在……"的句式开始的。晚会串词的重要性不需要再强调,是一种国家所需要的统一的声音,具有很强的仪式感。但是,重要并不代表主持人就要"唱"。唱调是主持时候的大忌,这是一种不走心的表达方式,只是一味地强调串词内容的"大",却没有细致地处理,自然无法说到观众的心里去。从技术层面上来讲,越是大的词,越应该往小的感觉去说。从情感上,要真诚地去对待,从语气、语调上要进行适当的缩小,从态度上要亲切地去表达,从程度上不能说呢喃耳语,但至少是像朋友聊天一样娓娓道来:"亲爱的同志们朋友们,让我们更加紧密地团结在以习近平同志为总书记的党中央周围,高举中国特色……"如此一来,观众从听感上更容易接受,不会觉得主持人拒人于千里之外。

我在学习相声的时候曾师从中国著名的表演艺术家许秀林老师,老师在晚会的"大小"控制上给了我很好的建议——这是老一辈艺术家通过自己几十年的实践所摸索和总结出来的科学方法。在此我与大家分享：面对小晚会，几十个人的观众，要像大晚会一样去主持，情绪饱满，调动这几十个观众的激情；面对大晚会，几万人，要像小晚会一样去主持，娓娓道来，跟这几万人交朋友。这不能不说是老一辈艺术家的智慧。不管是在大型的直播晚会，还是在小型的联欢会上，每当我按照当年老师的建议来进行传播的时候，效果都得到了保证。主持人不能想当然，自作聪明地认为什么样的晚会就应该有什么样的固定腔调。更不能因为太过求稳，而运用唱调、甩调等会与受众之间产生距离的语调。

"走转改"的出台要求主持人要改文风。对于主持人来说，深入地学习"走转改"的精神十分重要。主持人是晚会传播的主体之一，有义务去改变一些晚会中居高临下、无亲切感的现状。一个晚会的传播涉及的方面很多，将晚会从以前的"大"和"空"转变成为更加科学的"小"和"近"或许还有漫长的道路。但是，主持人一定要激发出自己的主观能动性，从自己的环节出发去促成改变。

（2）语言通俗、灵活主持。

主持人在晚会中的主持语言同样具有口语传播的特点，其优点是直接性，但是又存在语音稍纵即逝的弱点。晚会主持人的话语是不可逆的，观众不能像看台本的时候，哪儿看不懂了可以倒回去看。这样的特点对晚会中主持人传播的语言特点提出了要求：

首先，节目主持人在主持节目时不应该过多地注意自己语言有什么层次，因为即使分得很清楚，受众在听的时候也很难分得清，他只听到你正在说的这一句而很难记住之前说的是什么。主持人如果说过多的废话，进行一些不着边际的铺垫，就会使受众的注意力被消耗和分散，影响受众对所传达内容的理解。纠正这个问题的方法是在现场主持时多使用短句，尤其是在事先没有稿件准备的情况下边想边说出复杂而恰当的长句，是一件很困难的事情。况且现在是一个崇尚效率的时代，各类节目主持人的语速特别是资讯类节目主持人的语速普遍加快，在高语速的情况下，即使主持人有足够的能力在很短的时间内组织出完美的长句子，受众也未必能理解得十分清楚，而简洁的句子，却可收获高效率和良好的传播效果。

其次，主持人在口语传播的过程中不宜出现过多的专业名词和晦涩难懂的书面用词。因为观众只能从听觉上判断说了什么，他们无法看到文本上的串词。所以，主持人的话语内容一定要通俗易懂。晚会的主持不是主持人去卖弄自己文学积淀的时候，现在一些主持人在晚会的主持中运用太多生僻难懂的文学词汇，不但没能达到美化串词的效果，反而拉远了与观众之间的距离。

最后，主持人的语言表达与晚会撰稿人所提供的串词之间应该存在互动的关系。主持人在晚会中不是简单的播字机，很多人误以为晚会主持人仅仅是将撰稿人的书面台词用有声语言表达出来，这样的理解是片面的。必要时，主持人可以对撰稿人的串词进行适度的修改。

主持人在晚会主持传播的过程中需要在语言上对以上三点加以注意。下面，我通过一个例子说明这三点的重要性。有一次，我在北京的门头沟主持中央电视台"心连心"艺术团晚会。晚会中间的一段串词需要对房山区未来的规划做一个简单的介绍。拿到主持人稿后，我就发现这个稿子具有书面语言的一些特点：一是稿子中出现了大量的专业名词，例如高端制造业和高端制造业新区，人文环境，生态环保新城，等等；二是稿子的篇幅很长，有许多的长句。由此可以判断这段稿子是根据政府报告中的内容进行创作的，里面的很多内容甚至是照搬了工作报告的原句。政府工作报告需要长句式的文体，但是主持人不需要。经过考虑之后，我对这段晚会词进行了修改，删去了一些口语中不常用的名词，将所有的长句重组成短句，将整个稿件的长度进行了缩短。我想达到的目的很简单：一方面，让这段词的目的得到实现，即宣传当地政府的规划；另一方面，让观众能在听的时候听得明白，不至于被那些书面的表达弄得晕头转向。

从某个角度来说，主持人也是创作者。在晚会主持的过程中，很多主持的内容，主持人不是原创，因为晚会性质和流程的限制，要求主持人要完成许多规定动作。但是，这并不代表主持人就是没有主观能动性的，有些时候，恰恰是这些看似微不足道的小改变和小改进使晚会主持人达到蜕变。

主持人的二度创作有一个前提，即得到晚会导演等主创的足够的信任。对于年轻的主持人来说，二度创作需要一个循序渐进的过程，不要在自己职业生涯刚开始的阶段就对晚会撰稿人的稿件进行大的修改。只要主持人始终清楚地认识到自己要主动创作，大家慢慢地认识、信任，这是一个不断积累的过程。现在一般撰稿交到我们手里，都会说："仅供参考。"通过不断的努力，任何一名主持人都会有这一天。

（3）多才多艺，综合表现。

中国传媒大学吴郁教授在著作《当代广播电视播音主持》中提到了这样的观点："首先，综艺节目主持人应有较深厚的中华民族文化的修养和一定的文艺知识积累，熟悉各类艺术形式，有较强的艺术理解力、感悟力和鉴赏力。主持人对表演的特色或精湛之处，即兴加以介绍、解释或恰到好处的评点，往往有助于受众的欣赏和介入，激发演员的情绪和状态，能有机地烘托节目气氛，更好地沟通表演者和观众的情感交流，起到画龙点睛的作用……其次，综艺节目主持人应有一定的表演才能和舞台经验，在文艺方面最好有一技之长。他们适当的表演使观众倍感亲切，而且还能丰富串联节目的手法，增加节目的新鲜感，引起观众的兴趣。"[1]

中国广播电视中的综艺晚会节目通常是中国的传统艺术，例如歌舞、相声、小品等等。如果主持人能对中国传统艺术有自己的研究与见解，便能在晚会的串联上信手拈来，达到较好的效果。就我个人而言，我早在兰州军区战斗歌舞团时，就悉心钻研学习各门才艺，主持、唱歌、说快板、说相声、吹单簧管……与我在《东西南北中》相识时，《艺术人生》前任制片人王峥就说我具有"一到田野中就显得和周围那么和谐"的"民间艺术的色彩"。对于我这种说学弹唱都擅长、生旦净末丑什么都会的主持特质，北京大学学者张颐武把它概括为"对过去时代的人有一种召唤力"[2]的才艺表演。在传统艺术上学习的经历对我在晚会主持方面有非常大的帮助，不仅使我在节目与节目之间的衔接上游刃有余，更使我能够在晚会之中激发演员和观众的情绪。

现在晚会中的主持人已经不再仅仅是串联节目的报幕员，应该以更加全面的方式参与到晚会的表演当中。我在中央电视台春节联欢晚会上就与冯巩等小品演员搭档演出了小品，还曾获得"我最喜爱的春节联欢晚会节目"语言类节目的一等奖。在晚会中的表演与主持人的主持之间会形成一个互相促进的关系。通过节目的彩排与表演，

---

[1] 吴郁：《当代广播电视播音主持》，上海：上海交通大学出版社，2008 年第 2 版，第 288 页。
[2] 朱冰、陈可人：《极端制作》，北京：作家出版社，2007 年。

图 6-13　笔者曾在央视春节联欢晚会上与冯巩搭档演出小品《马路婚礼》、《笑谈人生》、《跟着媳妇做保姆》。

主持人能更加深刻地理解晚会的内涵，体会晚会的精神，从而将这种精神带到自己的主持传播中去；另一方面，主持人在主持晚会时所获得的对晚会全面的了解也能给自身在节目中的表演带来灵感，从而做出更好的节目。从观众的角度出发，一名多才多艺的主持人更容易获得观众的信任和好感。也许就是我多次在春晚上的小品演出，才会使我在串词中对各个节目的点评具有更强的可信度。

主持人的多才多艺不仅仅可以表现在参与到晚会节目的演出，同样可以在晚会串联的时候派上用场。我在意大利主持一次大型音乐会的时候，就曾经"一展歌喉"，用声乐的方式为节目之间串场。让我意外的是，我带有中国北方民歌色彩的唱调出现在意大利金碧辉煌的演出大厅的时候，看似不协调却带来了很好的效果。观众给予了热烈的掌声，女搭档给予了很高的评价。最关键的是我那"几嗓子"有效地调动了现场的气氛，同时又激发了外国观众对于中国传统音乐艺术的好奇。

对艺术的知识储备和感知能力是晚会主持人必备的素质，而才艺，可以说是主持人在进行晚会主持传播时候的杀手锏。晚会给观众在视听上带来美感，而作为传播者之一的主持人也应该努力锻炼自己的艺术方面的能力，为晚会中美的传播添砖加瓦。

（4）春晚主持传播创新。

从 1997 年第一次主持中央电视台春节联欢晚会以来，我已经连续主持了十七届央视春晚。春晚的主持成为我在央视这个国家舞台上最重要的主持经历。央视春晚在一年又一年的革新中不断改变，而作为主持人的我也在一次又一次的历练中不断成长。

以下是自 1997 年以来央视春晚主持人的构成：

年份	主持人构成
1997年	赵忠祥、倪萍、朱军、程前、亚宁、周涛
1998年	赵忠祥、倪萍、朱军、周涛、亚宁、王雪纯
1999年	赵忠祥、倪萍、周涛、朱军
2000年	牛群、冯巩、杨澜、姜昆、周涛、朱军、赵薇、白岩松、文清、赵琳、曹颖、李小萌、鞠萍、崔永元、文兴宇
2001年	周涛、朱军、曹颖、张政
2002年	倪萍、朱军、周涛、王小丫、文清、李咏、曹颖、张政
2003年	倪萍、朱军、李咏、周涛
2004年	倪萍、朱军、周涛、李咏
2005年	朱军、周涛、李咏、董卿
2006年	朱军、李咏、周涛、董卿、张泽群、刘芳菲
2007年	朱军、周涛、李咏、董卿、张泽群、刘芳菲
2008年	董卿、朱军、李咏、周涛、白岩松、张泽群、刘芳菲
2009年	白岩松、董卿、朱军、周涛、张泽群、朱迅
2010年	朱军、周涛、张泽群、董卿、任鲁豫、欧阳夏丹
2011年	朱军、周涛、李咏、董卿、张泽群、朱迅
2012年	朱军、李咏、毕福剑、董卿、撒贝宁、李思思
2013年	朱军、李咏、董卿、毕福剑、撒贝宁、李思思

以上表格出现的主持人都是曾经和我奋战在央视春晚录制现场的战友。虽然身边的搭档会不时地发生改变，每一年央视春晚的主

题也会不同，但是春晚对主持人能力和身心素质的高要求却从未改变过。毫不夸张地说，中央电视台春节联欢晚会是中国电视荧屏上最重要的晚会。无论从哪一个角度，春晚的重要性都一定排在前面。首先，中华民族自古以来就有庆新春的传统，使春晚具有民俗性的特点，涉及宣传导向与情感表现。其次，一年过去了，民众需要一台晚会来为过去的一年画上句号。开启崭新的一年，另外，党和国家要通过一台晚会向中国的每一个家庭、每一个人传递关怀，这使春晚具备了一定的仪式感。春晚的"仪式"是意识形态宣传的重要时机，同时也是百姓获得国家与民族荣誉感、认同感、自豪感、凝聚感的一个重要契机。[1] 再次，过去的一年，祖国都取得了哪些成绩，我们又经历了怎样的大事件，春晚需要做出一个盘点。这使春晚具有一定的文化意义。最后，这使春晚具有宣传的功能。

在谈论春晚主持人传播创新之前，有必要先了解春晚主持人所必须坚持的几个原则。所谓原则，就是在每一年的春晚都不能改变的部分。也正是因为春晚的主持人团队在这些原则上的坚持，春晚的整个进行过程才能得到保障。

其一，风格上端庄大气。春节联欢晚会依托于中国最重要的传统节日——春节，并通过电子媒介进行传播提供经验分享，具有建构国家认同的条件。同时，国家作为一种权力机构，能够通过控制文化机构进行意识形态工作，再加上当代社会人们对媒介的日常性消费，使得可以在媒体上建构国家形象成为实现国家认同的一个必然选择。[2] 在这样的前提下，春晚上的主持人从某种意义上超越了

---

[1] 胡志峰、周建新：《话说春晚仪式秀》，《当代电视》2006 年第 12 期。
[2] 金玉萍：《解读二零零九年央视春晚——国家认同建构的视角》，《新闻传播》2009 年 6 月。

自己的个性特点，成为国家机构的代言人。因此，春晚的主持人在舞台上的表现也构成了国家认同感的一部分。所以，在春晚主持人的风格上，主持人一定要遵循端庄大气的风格，切忌小气。在国家舞台上的大场面的主持传播的过程中，主持人一定要准确地把握自己所处的位置，要区别于普通的综艺节目和娱乐节目的主持人，因为在这种情况下，主持人已经不单单代表他自己，而是成为国家和民族的代表。

其二，观念上严格守时。"零点钟声"这四个字对于每一名站在春晚舞台上的主持人来说，都有着特殊的意义。因为春晚不同于其他晚会的最大特点就是有"零点报时"。这是一个十分严格的时间限制，所有晚会的节目、主持人串词的时间安排都要为"零点报时"服务。受到春晚节目表演时间、节目衔接时间或者其他因素的影响，实际执行的情况常常不如策划中所预制的那样完美。但是，节目本身的时间长度较为固定，节目衔接的时间段不可控性又太强，在所有的演出人员中只有主持人是最灵活的。因此，调整晚会的节奏，使之与"零点报时"相协调常常是主持人所承担的重要任务。主持人在主持的过程中要有很强的时间掌控意识，唯有如此，才能保证"零点报时"的顺利进行。

其三，语言上娓娓道来。在前文的晚会主持传播创新中，我谈到了主持人应该改变以前晚会主持中"高大空"的问题。春晚主持人的语言也发生了一个"由高到低""由大到小"的变化。查阅20世纪80、90年代的春晚视频，会发现那个时候主持人的状态是过于高亢、过于激动的，主持人所表达的很多内容也以空泛的概念为主。但是，正如前文所提到的一样，经历了观众审美情趣的变化，主持人的串词内容和表达状态也经历了很大的变化。以我和周涛为例，我们都经历了1997年的央视春晚，如果将1997年央视春晚和2010年央视春晚的语言状态做一个对比的话，会发现几个明显的变化：串词的内容排比句减少，空泛的概念减少，取而代之的是更加贴近观众的表达用词；主持人之间的相互交流明显增加，我们之间形成的交流让观众感觉更加亲切；主持人的语调明显降低，不再高声的朗诵；语言的状态也更加松弛，1997年央视春晚上几乎没有口语化的表达，而到了2010年央视春晚，我和周涛都会在互相交流的时候加入一些自己的口头语，这也使主持人的语言更加灵活生动。

除了在主持人的语言和状态上不断求变之外，主持人的非语言部分也在不断地革新。每年央视春晚主持人的开场、串联和结语也在试图更加符合时代审美的要求。2002年我身着白色西服，和文清几乎是跳着出场，洋溢着青春的活力，开场白也不再是"中国中央电视台"而是"亲爱的朋友们，大家好，2002年春节联欢晚会和您见面了"。几位主持人的开场白和开场歌舞融为一体，这又是春晚导演的别出心裁。2003年春晚舞台开场，我与倪萍、李咏、周涛全部穿着红色礼服出场，背景是农家院墙，上面还贴着红红的福字，有一种家的感觉；契合了当年春晚"温情"的主题。2004年春晚，我身穿白色西服与搭档们出场，背景是现场巨大的LED屏幕，标志着技术的一大进步。2006年春晚一大亮点是开场时不仅有央视的六位主持人，而且还有各地方电视台的主持人加盟，他们为春晚注入了新鲜的血液。2008年春晚开场主持人"从天而降"是一个创意，六位主持人站在升降台上从演播厅的上空缓缓降落，这也是春晚主持人开场首次运用了立体的空间……

开场对于一届春晚的进行有着不可小觑的意义：其一，开场是展示当年春晚主题的最好机会，开门见山，观众可以通过主持人的开场看出当年春晚所要表达的中心思想。其二，开场的气氛为之后的节目定下了基调。虽然每年在形式上都力图创新，但是在情绪和状态上却是年年一致，喜悦、激动、富有感情，主持人必须在一开始就将观众带入春节喜庆的气氛中去。

对于串场，我们也做了很多尝试，试图能使主持人与观众之间的距离更近。例如，在2001年央视春晚的观众席上特意腾出了一条通道，主持人多次串联就站在过道上，这条过道一定程度上拉近了大舞台和观众席的距离，不能不说是导演组的精心设计。

坦诚地说，由于春晚本身特殊的性质，晚会留给主持人自我发挥的空间并不大。大多时候，主持人都需要严格地按照台本的要求进行主持传播。但是，空间小不等于没有空间，春晚的主持人能否抓住有限的自由空间进行传播，就成为对主持人创新能力的考验。

2009年央视春晚，由于节目直播时临时调整的原因，前后紧挨的两个舞蹈节目的演员是同一拨，中间需要时间换装，这段时间上的空白就理所当然地需要交给主持人去填补。我被当时的总导演郎昆临时叫上台救急，我只有五十多秒的构思时间，晚会当时至少需要一分钟。经过考虑我上台说了这样一番话：

> 亲爱的朋友们，新春的钟声已经敲响，又一个明媚的春天向我们走来。在这里，我们再一次给大家拜年，祝贺大家乙丑牛年大吉。此时此刻，一定有很多很多朋友在给自己的朋友送去新春的祝福和问候。我想说：在您送去问候和祝福的时候，千万别忘了我们最容易忽略的人，那就是常伴在我们身边的人。如果您的父母还没有休息的话，请起身给您的父母鞠躬，感谢他们的养育之恩，感谢他们

一年的劳累，感谢他们带给这个家庭的温暖。请用您的笑容为您的丈夫、为您的妻子，也给您的儿女送去祝福，感谢一年来我们互相搀扶走过的日子。最后我想说，也让我们感谢我们自己，感谢我们这一年来的自信与坚持，感谢我们这一年来所取得的工作成绩。

这是一段在紧急情况下临危受命的救场语，但是在说出以后取得了很好的效果。后来有许多朋友一见我就说："那天我响应你号召了，站起来去给我的父母鞠了好几躬，拜了个年。"

主持人处在一个中间状态，一方面他是节目主创意识的传递者，另一方面他是观众的代言人。好的主持人应该很好地结合这两方面，达到沟通和互补的效果。在春晚上的这段话之所以让我印象深刻有两个原因：一是作为晚会的主创之一，我成功地填补了那段不应该出现的空白，弥补了晚会临时出现的失误；二是作为观众的代言人，我站在他们的角度上，说出了他们的心里话。

一些人一直在抱怨春节联欢晚会给主持人的空间太少，主持人说的都不是自己的话。但是，身为这么多届的央视春晚主持人，我想说：有一些事情我们无法改变，但我们一定要去做好自己可以做的事情。不可否认，作为一个几亿观众都在收看、在一个神圣时刻举行的晚会，出于多种多样的原因，主持人的自由空间确实不多，但不多不等于没有。怎样抓住少量的空间进行自己的创作，才是主持人应该思考的问题。

参考书目

1. 时蓉华：《现代社会心理学》，上海：华东师范大学出版社，1989年。
2. [英]丹尼斯·麦奎尔、[瑞典]斯文·温德尔：《大众传播模式论》，祝建华、武伟译，上海：上海译文出版社，1997年。
3. 郑兴东：《受众心理与传媒引导》，北京：新华出版社，1999年。
4. 赵玉明、王福顺：《广播电视辞典》，北京：北京广播学院出版社，1999年。
5. [美]沃纳·赛佛林、小詹姆斯·坦卡德：《传播理论——起源、方法与应用》，郭镇之等译，北京：华夏出版社，2000年。
6. [美]丹尼尔·戴扬、伊莱休·卡茨：《历史的现场直播——媒介事件》，麻争旗译，北京：北京广播学院出版社，2000年。
7. [加]马歇尔·麦克卢汉：《理解媒介——论人的延伸》，何道宽译，北京：商务印书馆，2000年。
8. 刘晓红、卜卫：《大众传播心理研究》，北京：中国广播电视出版社，2001年。
9. 孙玉胜：《十年——从改变电视的语态开始》，北京：生活·读书·新知三联书店，2003年。

10. 李彬：《传播学引论（增补版）》，北京：新华出版社，2003年。
11. 胡智锋：《电视传播艺术学》，北京：北京大学出版社，2004年。
12. 高贵武：《解析主持传播》，北京：北京广播学院出版社，2004年。
13. 俞虹：《节目主持人通论》，北京：中国广播电视出版社，2004年。
14. [英]约翰·塔洛克：《电视受众研究——文化理论与方法》，北京：商务印书馆，2004年。
15. [美]尼尔·波兹曼：《娱乐至死》，章艳译，桂林：广西师范大学出版社，2004年。
16. [美]斯坦利·巴兰、丹尼斯·戴维斯：《大众传播理论——基础、争鸣与未来》，曹书乐译，北京：清华大学出版社，2004年。
17. [美]詹姆斯·W.凯瑞：《作为文化的传播》，丁未译，北京：华夏出版社，2005年。
18. [英]索尼娅·利文斯通：《理解电视——受众解读的心理学》，龙耘译，北京：新华出版社，2006年第2版。
19. 段鹏：《传播学基础——历史、框架与外延》，北京：中国传媒大学出版社，2006年。
20. [英]丹尼斯·麦奎尔：《受众分析》，刘燕南、李颖、杨振荣译，北京：中国人民大学出版社，2006年。
21. [美]沃尔特·李普曼：《公共舆论》，阎克文、江红译，上海：上海人民出版社，2006年。
22. [美]戴维·迈尔斯：《社会心理学》，北京：人民邮电出版社，2006年。
23. 吴郁：《谈话的魅力》，北京：中国广播电视出版社，2007年。
24. [英]尼古拉斯·阿伯克龙比：《电视与社会》，张永喜、鲍贵、陈光明译，南京：南京大学出版社，2007年第2版。
25. 刘洋、林海：《综艺娱乐节目主持概论》，北京：中国传媒大学出版社，

2007年。

26. 陈虹:《节目主持人传播》,上海:复旦大学出版社,2007年。

27. 刘京林:《新闻心理学概论》,北京:中国传媒大学出版社,2007年第4版。

28. 朱冰、陈可人:《极端制作》,北京:作家出版社,2007年。

29. 高贵武:《主持传播学概论》,北京:中国传媒大学出版社,2007年。

30. 游洁:《电视策划教程》,北京:中国传媒大学出版社,2007年。

31. 胡正荣、段鹏、张磊:《传播学总论》,北京:清华大学出版社,2008年第2版。

32. 费孝通:《乡土中国》,北京:人民出版社,2008年。

33. 吴郁:《当代广播电视播音主持》,上海:上海交通大学出版社,2008年第2版。

34. 张颂:《播音主持艺术论》,北京:中国传媒大学出版社,2009年。

35. 喻国明:《传媒变革力——传媒转型的行为路线图》,广州:南方日报出版社,2009年。

36. [法]埃里克·麦格雷:《传播理论史——一种社会学的视角》,刘芳译,北京:中国传媒大学出版社,2009年。

37. [美]塞缪尔·亨廷顿、劳伦斯·哈里森:《文化的重要作用——价值观如何影响人类进步》,程克雄译,北京:新华出版社,2010年第3版。

38. [美]肯·梅茨勒:《创造性的采访》,北京:中国人民大学出版社,2010年。

39. [美]班纳迪克·安德森:《想象的共同体:民族主义的起源与散布》,吴叡人译,台北:台湾时报文化出版社,2010年第2版。

40. 陆晔、赵民:《当代广播电视概论》,上海:复旦大学出版社,2010年第2版。

后 记
踏下心来做一场"学问"

从我的第一本书《时刻准备着》出版到今天已经有近十年的时间了。十年间,这个世界发生了太多的事情,每个惊喜,每个悲伤,都来也匆匆,去也匆匆。那些看似轰动一时的故事很多都烟消云散,能留下来的弥足珍贵。2011年,我的第二本书《我的零点时刻》出版,封面上照片精致了很多。这两本书就像我的两个孩子,记录了我的成长;也像一面镜子,映照着我的曾经。有时我会独自一人翻阅,像看一个别人的故事:这个叫朱军的"小伙子"还算没有虚度光阴吧,我沾沾自喜……

然而,十年的时间,又觉得自己没有变化。十年前的衬衣还能穿得下,说明自己对欲望还有所节制;十年的老朋友还生龙活虎,经常联系,说明生活还是一派安好。然而,打开电视,这个世界有时却变得几乎让我认不出来,各种"超级""梦想""中国""各种星"成了检索不能回避的关键词,年轻的同行如雨后春笋般地此起彼伏,其中不乏优秀者,也不乏没有来得及认识自己就被推上舞台然后又很快被忘记的人。他们在残酷的竞争中,遵循着"明星"化的游戏法则。尽管我在激流中还撑得稳自己的船,但是也深深地意识到,这个时代已经不是那个用"60后"的价值观、审美情趣所建筑的世界;尽管和我血肉相连的《艺术人生》仍旧顽强地拼搏着,但是,我知道在时代的洪流中,没有一个一劳永逸的创意,无论曾经到达什么高度,刚刚沾沾自喜以为可以功成名就的时候,发现除了"终身成就奖",我还想要的更多。于是,甩开了膀子,当自己还是那个在央视东门等候机会的小伙子吧。

2008年,我到北京大学艺术学院攻读艺术硕士。作为班里岁数最大的"大哥",我也经常用"请客"的方式化解一些尴尬。重回教室,自己觉得新鲜,大家也觉得我新鲜,本来可以上讲台的人,却在讲台下孜孜以求,但是我觉得自己走对了这一步——从实践中得到的真理来之不易,让我迫不及待地想去表达、去抒发。对的理论就像是一个秘密,需要公布,需要告诉那些志同道合的后来人,我认为这也是责任。除了鼓励和提携,传人以"渔"比简单的传人以"鱼"要重要很多。

可是,在哪里说呢?我去过大学讲座,同学们喜欢听我的故事,我会像做一个节目那样,将讲座讲得声情并茂。尽管我被同学们簇拥和爱戴,但是那并不是我想给的,也不是我想要的。主持专业的学习和实践,像天下所有的专业一样,是一个艰苦枯燥的做学问和实践并行的过程,并非如选秀节目一样,讲一个声情并茂的故事就可以一夜成名。有时电视节目主持人的光环大过了"人的理智",让年轻人误入歧途,然后我们再利用他们的幼稚嘲笑他们。我认为这是最大的"不负责"。专业的学习是一个理性的过程,既不用炫耀光环,也不用演一出出的苦情戏,是需要精心研究、思考、实践,甚至剥离某种情感的化学提纯过程。在北大读书的几年给了我完成一次"化学反应"的机会。遗憾的是，我们这样的工夫和耐心太少了。

于是，无论别人怎么评价我的主持，我只想在自己的新书中，严肃地讲一讲自己所理解的专业，自己所理解的主流传播的含义。我希望我的新书，不去上什么畅销书的排行榜、网站的推荐，而是可以长久地、有力量地放在晚辈的书桌上，藏在大学的图书馆里，若干年后被岁月浸黄了书页还经常被人借阅，并且成为他们认为有用的读物。

《左传》曾云：太上立德，其次立功，其次立言。这三个阶段都是人生一种很高的追求。我在镁光灯下、在屏幕中、在人们的掌声鲜花中生活了许多年，周围的美誉足以让我受用终身，但是"60后"传统的价值观总让我有很多的不满足。我不想像一个明星那样被人记住，之后再像一个明星那样被人忘记，那不是所谓人生境界里的"立功"，而是经历一趟残酷的生存法则。我想以"润物细无声"的状态，留下一个成年人对自己从事一辈子事业的观点，至少是踏下心来做一场"学问"，不想仅仅熬几碗"心灵鸡汤"，然后享尽清福，被德高望重般地记住，不奢望"立言"，贡献思想，但望自己能在钟爱和从事大半生的事业上留下自己的声音和建议。

这种"妄想"，也源于这十年中一个命运的安排。2008年，我的心性突然从主持的事业中抽离出来，机缘巧合地拜著名国学大师、书画家范曾先生为师。这并不是附庸风雅的选择，而是希望为经年积累的困惑找到一个"悟"的途径。跟大师学画的五年，我在很大程度上重新认识了自己，借先生高屋建瓴的思想重新解读了世界观、人生观和价值观。先生教导的不仅仅是"术"，更多的是"道"，使我重新分析辉煌的成就和人生的困惑，使我从喧嚣的表扬和质疑中走出来。也正是这种特别珍贵的学习，使我从另一个层面认识着自己的事业。先生不算是"忠实的观众",老人家仍保持着在晨钟暮鼓中读书绘画的生活方式,与天花乱坠的综艺节目恍如隔世。我在先生的"私塾"里,遵守着一个"读书郎"的规矩,万人瞩目的舞台、热烈的掌声抵不过先生对我画的一只小鸟的微微赞赏,经常在觥筹交错中接到先生的电话,质问我的功课,顿时觉得不安起来——也许正是这种惶恐让我找到了一个新的自我。

一次在与先生促膝喝茶之际,先生少有地谈及了我的专业,句句珠玑,让我恍然大悟,先生一语中的:你该写本实践的专业书,去填补专业的"空白"?"空白"?我以为专业里的专家学者众多,关于电视主持人的理论层出不穷,我以为这个领域早已"盆满钵满",哪里还有空白?先生却品着茶微笑着鼓励着我:"据我所知,在实践岗位上的主持人到目前还没有谁写过专业著作,你在舞台上是明星,但是你不仅仅也不要满足于你是一个明星,要做学问。"是啊,在舞台之外,我更喜欢作为这个领域的职业者和专家发表自己的观点;那种严肃的场合虽然没有灯火辉煌,没有粉丝崇拜,甚至还有质疑和争论,却使我找到另外一种成就感;那时的我经常自信满满、滔滔不绝,甚至对观点锱铢必较,当仁不让;那不是树立某种权威,而是一种对职业由衷的尊重。我笃信在舞台上,观众可见的一切只是冰山一角,我知道"真相",我要毫无保留地告诉后生晚辈,这是我的责任和理想。

终于,一切的机缘积累到了瓜熟蒂落的时机,范曾先生的指正点破了懵懂的我,也鼓励了我勇敢地"立自己的言",不敢妄涉"思想"二字,但是我斗胆承认,我正在向着这个方向努力,希望这本呕心沥血的书成为我新的骄傲。

书在付梓之前,先生在法国休假,面对编辑的进度催促,执意用传统的毛笔写了《序》，邮寄回国，而不是任何现代的电子邮件。当我收到那泛着墨香的文字，怎一个"谢"字了得，先生对我是恩重之人。

书的最后，需要"谢"的人众多，观众、读者、同行、出版人、家人、朋友、自己，一切的一切。

最终还要谢谢这个职业，给了我理想，以及完成理想的无尽的可能性。

希望这不是我最后一本书，因为我还有很多的理想，没有实现。